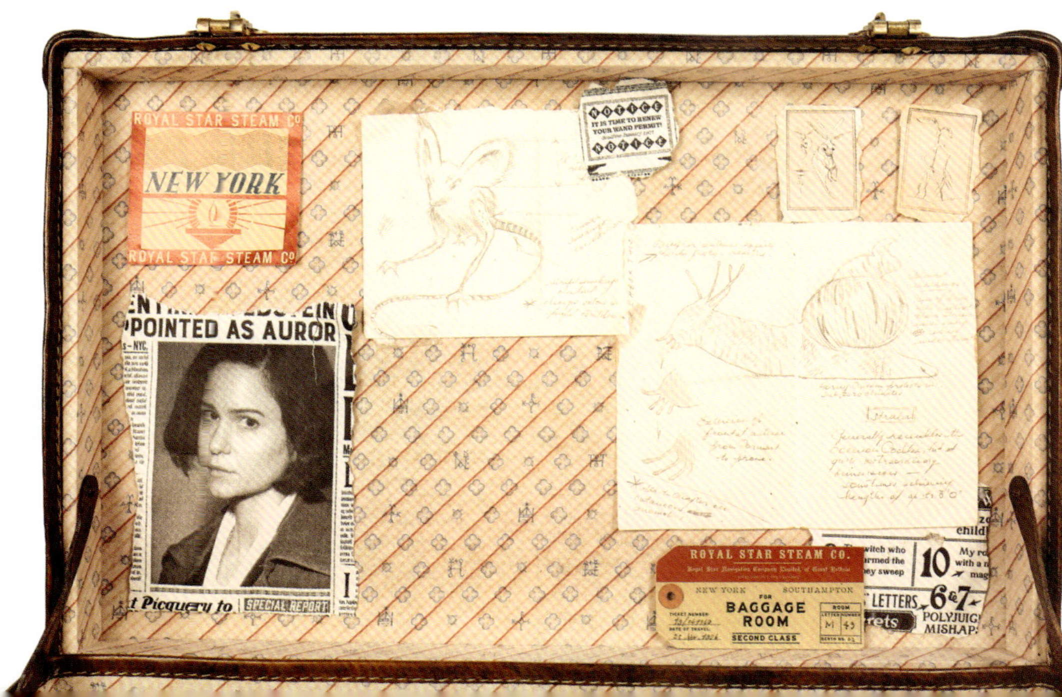
ROYAL STAR STEAM Co
NEW YORK
ROYAL STAR STEAM Co
POINTED AS AUROR
t Picquery to
SPECIAL REPORT
NOTICE
IT IS TIME TO RENEW YOUR WAND PERMIT!
NOTICE
ROYAL STAR STEAM CO.
NEW YORK
SOUTHAMPTON
BAGGAGE ROOM
SECOND CLASS
LETTERS
POLYJUICE
MISHAPS

Titolo dell'originale inglese:
Fantastic Beasts: The Wonder of Nature

First published in Great Britain in 2020 by BLOOMSBURY CHILDREN'S BOOKS
Bloomsbury Publishing Plc
50 Bedford Square, London, WC1B 3DP, UK

ISBN 978-88-3100-914-0

Per essere informato sulle novità del Gruppo editoriale Mauri Spagnol visita:
www.illibraio.it

Traduzione di Valentina Daniele

Questo libro è basato sulla mostra del Natural History Museum di Londra *Fantastic Beasts: The Wonder of Nature*

Per i crediti delle foto vedi pagina 159

dal 1862
Gruppo editoriale Mauri Spagnol
www.salani.it

MISTO
Carta da fonti gestite
in maniera responsabile
FSC® C008047
FSC www.fsc.org

Printed and bound in China

ANIMALI FANTASTICI™

LE MERAVIGLIE DELLA NATURA

SALANI EDITORE

INDICE

PREFAZIONE

Di Sir Ranulph Fiennes

Esploratore britannico, detentore di svariati record di resistenza, scrittore e poeta

Il Guinness dei primati definisce Sir Ranulph Fiennes, ufficiale dell'Ordine dell'Impero Britannico, come 'il più grande esploratore vivente'. Ha scalato l'Everest, scoperto la città perduta di Ubar ed è l'unico al mondo ad aver percorso tutta la superficie circumpolare della Terra. Ambientalista convinto, con le sue spedizioni e conferenze in tutto il mondo promuove raccolte fondi milionarie a scopo benefico.

Da esploratore a capo di molte spedizioni, ho avuto la fortuna di osservare alcune delle più spettacolari meraviglie della natura. Dalla vetta dell'Everest ho ammirato i picchi più bassi dell'Himalaya che spuntavano dalla coltre di nuvole. Ho ripercorso il famoso viaggio di David Livingstone in canoa, risalendo lo Zambesi fino alle cascate Vittoria. Ho attraversato il globo da un polo all'altro, mappando millecinquecento chilometri di territori inesplorati. Quando ti trovi in queste zone remote del mondo, non sai mai quando potresti incontrare un animale fantastico…

Negli anni Ottanta, durante la mia spedizione intorno al mondo, con il mio amico Charlie ci ritrovammo intrappolati su un blocco di ghiaccio galleggiante. Ci riparammo nella nostra tenda, con l'unica consolazione di qualche galletta e due minuti di accesso radio alle notizie di BBC World Service ogni giorno. Per fortuna non avevamo tempo di annoiarci, vista la processione di visitatori che ricevemmo nel nostro rifugio remoto. Diciannove ospiti, per la precisione. Diciannove enormi, curiosi orsi polari.

Si annunciavano annusando e grattando intorno alla tenda, accompagnati da un vago odore di pesce. Charlie allora prendeva la macchina fotografica e io cominciavo a battere una contro l'altra un paio di pentole. Di solito gli orsi polari, quando sentono un rumore che non riconoscono, si allontanano, anche se naturalmente dipende da quanta fame hanno in quel momento. Prima del viaggio, le autorità canadesi mi avevano assicurato che solo il dieci per cento degli orsi polari canadesi avrebbe mangiato un essere umano. Purtroppo, quando te ne trovi uno davanti, non hai il tempo di chiedergli se fa parte della maggioranza o no.

La mia passione per le esplorazioni iniziò davvero quando, da giovane ufficiale dell'esercito britannico, mi unii alle forze armate del sultano dell'Oman. Fu lì che superai la mia aracnofobia con cui convivevo da quando da bambino ero stato morso da un ragno in Sudafrica. Un ragno lupo mi saltò sulla gamba mentre ero accampato con la mia unità mobile al confine sud del Quarto vuoto, un vastissimo deserto nella Penisola Arabica. Davanti ai miei soldati non potei fare altro che sorridere e scacciarlo via. C'erano anche parecchi serpenti… alcuni letali. Ero stato addestrato a riconoscere le vipere, le lucertole e gli scorpioni; avevo passato molte ore nelle grotte al confine dello Yemen a identificare le varie specie. In effetti ero diventato talmente bravo che quando tornai in licenza a Londra andai a parlare con gli esperti del Natural History Museum. A quei tempi, i soli naturalisti che avevano avuto il permesso ufficiale di andare a Dhofar per studiare gli scorpioni erano stati i celebri botanici Theodore e Mabel Bent, nel tardo diciannovesimo secolo; quindi fui molto felice di poter dare una mano. Se visitate il museo potrete vedere un meraviglioso esemplare nero che sono molto orgoglioso di aver scoperto. Ha anche il mio nome, in latino; a volte vado a trovarlo e lo accarezzo.

Il mondo è limitato e così la terra da esplorare per un avventuriero; tuttavia botanici, zoologi, glaciologi e geologi – e ovviamente Magizoologi – possono esplorare la stessa zona più e più volte. Se portate un naturalista nel mezzo della giungla, forse altri prima di lui saranno già stati in quel luogo, ma nessuno con le conoscenze e la tecnologia disponibili oggi. Ogni nuovo visitatore è potenzialmente in grado di scoprire una nuova specie o di osservare un fenomeno naturale finora sconosciuto. *Quella* è vera esplorazione.

A foot in length, of strained Snakes-skin good,
Rowling it up herein, till days fulfild,

Or nummed fingers, whose force hath been
By heat extending what cold band did hold.

The wounds that come by the biting or stinging of this Serpent, are not great, but very small, and scarcely to be discerned outwardly, yet the accidents that follow, are like to those which ensue the bitings of Vipers, namely, inflamation, and a lingering death. The cure thereof must be the same which is applyed unto the sting of Vipers. And peculiarly I finde not any medicine serving for the cure of this poyson alone, except that which *Pliny* speaketh of, namely Coriander drunk by the patient, or laid to the sore.

It is reported by *Galen* and *Grevinus*, that if a woman with childe do chance to go over one of these Double-headed Serpents dead, she shall suffer abortment, and yet that they may keep them in their pockets alive without danger in boxes. The reason of this is given by *Grevinus*, because of the vapour ascending from the dead Serpent, by a secret antipathy against humane nature, which suffocateth the childe in the mothers womb. And thus much for this Serpent.

Of the DRAGON.

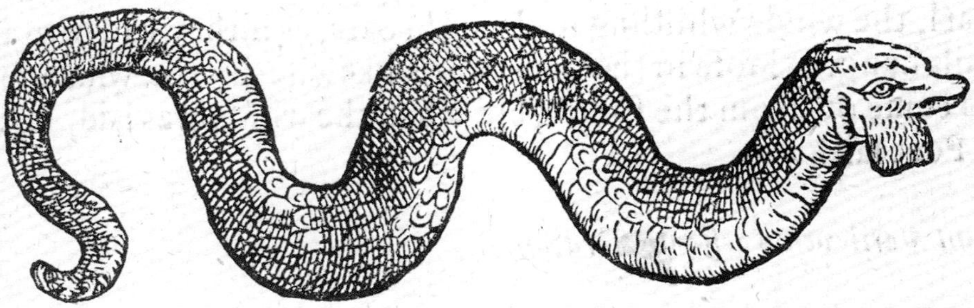

AMong all the kindes of Serpents, there is none comparable to the Dragon, or that affordeth and yeeldeth so much plentiful matter in History for the ample discovery of the nature thereof: and therefore herein I must borrow more time from the residue, then peradventure the Reader

 would

CAPITOLO UNO

ANIMALI FANTASTICI™

LE MERAVIGLIE DELLA NATURA

'... dalla giungla più nera al deserto più assolato, dalle vette delle montagne alle paludi fangose...'

Newt Scamander

ANIMALI FANTASTICI AL MUSEO

Di Louis Buckley

Capo curatore della mostra Fantastic Beasts *al Natural History Museum*

Il Natural History Museum di Londra è un forziere pieno di tesori del mondo naturale. Circa ottanta milioni di animali, piante, fossili e minerali sono custoditi fra le sue mura decorate, che accolgono visitatori da quasi centoquaranta anni. Ma se molte delle nostre mostre possono già sembrare più strane di qualsiasi opera di finzione (non capita tutti i giorni di passare davanti a uno scheletro di stegosauro o a una giraffa imbalsamata), pochi visitatori entrano nel museo aspettandosi un incontro con un unicorno o un mostro marino, figuriamoci poi un Mooncalf, un Erumpent o un Asticello. Perciò, quando abbiamo deciso di organizzare una mostra sugli animali fantastici del mondo magico, abbiamo dovuto riflettere con molta attenzione su come equilibrare il nostro approccio critico e scientifico con il potere narrativo della pagina scritta e del grande schermo. Ma soprattutto abbiamo dovuto chiederci: come fa un museo orgoglioso della sua tradizione di studio scientifico del mondo naturale a impostare una mostra su delle creature che esistono solo nei racconti, nei miti e nella fantasia?

La nostra risposta è stata collegare le bizzarre creature di *Gli Animali Fantastici: dove trovarli* allo splendore della natura vera, ed evidenziare gli sbalorditivi paralleli fra i due mondi. Non siamo esperti delle tecniche con cui gli animali magici di J.K. Rowling sono stati ricreati sullo schermo, per quanto la materia sia affascinante; il nostro approccio è stato quindi quello di setacciare le collezioni del museo in cerca di storie che fossero fantastiche, affascinanti, bizzarre e spettacolari quanto quelle riportate negli appunti di Newt Scamander.

Abbiamo parlato con decine di scienziati tra gli oltre trecento che lavorano al Natural History Museum e sotto la loro guida abbiamo osservato centinaia di esemplari custoditi dietro le quinte. Abbiamo aperto armadi pieni di vasi di pesci di ogni forma e dimensione; esaminato casse malconce, reti e taccuini con resoconti di spedizioni passate; abbiamo sfogliato con cautela libri vecchi di cinquecento anni con immagini di animali strani e meravigliosi; abbiamo aperto cassetti

contenenti falene enormi e ragni grandi come piatti da portata; abbiamo osservato vespe minuscole a malapena visibili a occhio nudo e vagato per magazzini cavernosi pieni di antilopi, zebre e ossa di elefanti e balene. Molte tassidermie degli animali conservati nei magazzini e nelle teche del National History Museum hanno più di cento anni. Gli scienziati del museo raccolgono esemplari di animali ancora oggi, ma in misura molto piccola e con la massima considerazione per le specie protette o in pericolo. Questo tipo di raccolta non avviene mai con l'unico scopo dell'esposizione. Il suo obiettivo è acquisire informazioni vitali che ci aiutino a capire meglio e a proteggere l'ambiente naturale.

Nel corso delle nostre ricerche abbiamo anche guardato proprio a Newt Scamander, stimato Magizoologo e autore di *Gli Animali Fantastici: dove trovarli*, nonché ovviamente star dell'omonima serie di film prodotta dalla Warner Bros. Newt ci ricorda tanti intrepidi esploratori e naturalisti, del passato e del presente, che hanno lavorato qui al Natural History Museum, sempre pronti a viaggiare intorno al mondo per capire meglio gli animali e le piante, e comprendere la storia della vita sulla Terra.

La mostra inizia con Newt e uno sguardo alle origini di alcune delle creature più note che descrive nel suo elenco. Anche se molti animali fantastici sono frutto della fantasia di J.K. Rowling, come l'Asticello che vive sugli alberi e il dispettoso Snaso, molti altri sono presi in prestito dai miti e dai racconti popolari che risalgono a centinaia o perfino migliaia di anni fa. Immaginatevi il fiero grifone, con la testa, le ali e le zampe anteriori di un'aquila gigantesca e il resto del corpo di un leone; il misterioso ippocampo, simile a un cavallo marino; e la maestosa fenice piumata che risorge dalle fiamme. Se da un lato è impossibile ritracciare l'origine di queste creature o dei draghi, degli unicorni, delle sirene e dei mostri marini, alcuni ricercatori hanno suggerito che potrebbero essere stati ispirati dalla scoperta di ossa di dinosauri e altri animali estinti, come gli enormi mammut e i rinoceronti lanosi che abitavano la Terra durante l'ultima era glaciale.

A complicare ulteriormente le cose c'è il fatto che molti animali oggi protagonisti di libri, film e giochi di genere fantasy un tempo erano ritenuti più che reali. Come scrive Newt stesso:

'Uno sguardo all'arte e alla letteratura babbane del Medioevo rivela che molte delle creature che oggi essi ritengono immaginarie a quel tempo erano note come reali'.

Potete rendervene conto grazie alle belle incisioni che riempiono i libri medioevali, compresi i draghi e gli unicorni che si trovano nel meraviglioso *A History of Four-Footed Beasts and Serpents* (pubblicato nel 1658), e a oggetti come la zanna di narvalo (*Monodon monoceros*) intagliata, vecchia di novecento anni, che un tempo si credeva fosse il prezioso e potente corno di un unicorno. Oggi sappiamo invece che si tratta del dente di una balena artica.

Tuttavia, la scienza ha anche dimostrato che alcuni dei 'mostri' dei miti e

delle leggende esistono davvero, quantomeno in un certo senso. La scoperta del calamaro colossale (*Mesonychoteuthis hamiltoni*) negli anni Venti del ventesimo secolo rivelò un gigante degli abissi che era in tutto e per tutto incredibile, e potenzialmente spaventoso, quanto un mostro marino. Questa creatura magnifica non è mai stata osservata nel suo habitat naturale, visto che vive nelle gelide profondità dell'Antartide e degli oceani meridionali. Con una lunghezza fino a quattordici metri, è perfino più grande del suo famoso parente, il calamaro gigante (*Architeuthis dux*) che nuota negli oceani di tutto il mondo e naturalmente sguazza allegro nel lago nero della Scuola di Magia e Stregoneria di Hogwarts.

Seguendo l'esempio di Newt, la seconda parte della mostra porta i Babbani in un'avventura nella natura selvaggia. Newt stesso ha 'visitato covi, tane e nidi di cinque continenti' e noi, a nostra volta, abbiamo messo insieme animali da tutto il pianeta, con capacità e caratteristiche che rivaleggiano con le 'curiose abitudini' degli animali descritti nella sua grande opera. Nelle foreste pluviali dell'Africa centrale abbiamo osservato in silenzio l'okapi, un parente della giraffa talmente timido e schivo che è passato inosservato agli occhi degli scienziati fino all'inizio del ventesimo secolo. A fare il paio con questo animale affascinante è il magico Mooncalf, una creatura argentea che esce dalla sua tana solo con la luna piena, per guardare il mondo con i suoi occhi grandi come piattini. Tuffandoci nelle profondità dell'oceano abbiamo scrutato nel buio, sperando di intravedere il *Cystisoma*, animale simile a un gambero che con il suo corpo trasparente è in grado di rendersi invisibile quanto il Demiguise di Newt, Dougal, anche se non è dato sapere se ne condivida la passione per i dolci e le borsette. E sulle vette dell'Himalaya abbiamo trovato il pica di Royle, una creatura simile a un coniglio che, come lo Snaso con le monete lucenti e i gioielli, accumula una scorta di fiori, erba e muschio per sopravvivere quando il cibo scarseggia.

Come dimostrano questi pochi esempi, c'è una straordinaria varietà di vita sulla Terra pronta per essere scoperta da Babbani e maghi. Ma mentre il libro di Newt contiene ottantuno creature magiche diverse, la scienza finora ha classificato otto milioni di specie animali, e ogni anno si scoprono nuove meraviglie. Solo nel 2019 gli scienziati del Natural History Museum hanno identificato 412 nuove specie, da serpenti e lucertole a vespe, farfalle, falene e coleotteri. Purtroppo sappiamo anche che molti animali, piante, funghi e altri organismi sono a rischio di estinzione e spesso scompaiono poco dopo essere stati identificati, o addirittura prima che ci accorgiamo della loro esistenza.

Alla luce di questa dura realtà abbiamo pensato che fosse giusto dedicare l'ultima parte della mostra alle terribili minacce che incombono su molte creature incredibili e sulla natura in generale: il riscaldamento globale, l'inquinamento, la scomparsa degli habitat e tutte le altre pressioni derivanti dalle attività umane. D'altra parte, anche Newt è mosso dal profondo desiderio di proteggere e curare le creature in pericolo ed è questo impulso che attraversa tutti i film della serie. Il viaggio a New York del Magizoologo, all'inizio del primo film, ha lo scopo di riportare Frank, il maestoso

Tuono Alato, nel suo natio deserto dell'Arizona; mentre nella scena memorabile del primo incontro di Jacob Kowalski, l'amico babbano di Newt, con i tentacoli viscidi di un Graphorn, Newt dice di essere l'ultima speranza per quegli animali:

«Questa è l'ultima coppia riproduttrice esistente. Se non fossi riuscito a salvarla... sarebbe stata la fine dei Graphorn per sempre».

In un mondo in cui un milione di specie animali e vegetali potrebbe scomparire nei prossimi dieci anni, abbiamo ritenuto fondamentale raccontare alcune delle storie più forti, toccanti e ispiratrici di animali minacciati e delle persone che come Newt fanno di tutto per salvarli. Per alcuni animali della mostra è già troppo tardi: la bellissima tigre del Caspio (*Panthera tigris virgata*) è scomparsa dall'Asia centrale negli anni Settanta del secolo scorso. Il suo habitat è stato divorato dai terreni agricoli e dalle città in espansione, portando a un conflitto ancora più aspro con gli esseri umani. La vaquita (*Phocoena sinus*) probabilmente subirà lo stesso destino della tigre del Caspio, malgrado gli sforzi degli ambientalisti in Messico e negli Stati Uniti. La popolazione di queste minuscole focene, parenti di balene e delfini, è stata ridotta a meno di venti esemplari nelle sue acque originarie del Golfo della California. Provocata dalla pesca illegale, un traffico che danneggia tutto l'ambiente marino, dalle balene agli squali alle tartarughe marine, la tragedia della vaquita è che probabilmente verrà dichiarata estinta mentre la mostra è ancora in corso.

Anche se comincia con il racconto di un lungo e triste declino, una delle storie più belle della mostra è quella del kākāpō (*Strigops habroptila*). Ridotta a metà degli anni Novanta a soli cinquantuno esemplari, la popolazione di questo pappagallo incapace di volare, dotato di piume verde acceso, di un richiamo tonante e di una graziosa andatura dondolante, ora sta aumentando di nuovo grazie agli sforzi straordinari del governo della Nuova Zelanda, degli scienziati e delle comunità indigene, che con ogni mezzo (dai droni alle radiotrasmittenti) la proteggono dai predatori come gatti, furetti e topi che si cibano degli uccelli e delle uova. Il kākāpō è un esempio positivo della dedizione, della passione e dei risultati che si ottengono quando si collabora per proteggere gli animali fantastici.

Speriamo che questa mostra e questo libro vi piacciano, e che possiate prendere spunto per interessarvi alla salvaguardia della natura, in un momento in cui ne ha più bisogno che mai. Mi sembra opportuno concludere con la spiegazione di Newt dell'importanza della Magizoologia, rilevante ora quanto nel 1927,

quando lui, guidato dalla penna di J.K. Rowling, ha scritto queste parole. Perché, chiede Newt, cerchiamo di curare e proteggere gli animali fantastici del nostro pianeta?

'La risposta naturalmente è: per garantire che le generazioni a venire di maghi e streghe apprezzino la loro stravagante bellezza e i loro poteri come noi abbiamo avuto il privilegio di fare'.

LA GIORNATA DI UNA CONSERVATRICE MUSEALE

Di Lorraine Cornish

Responsabile della conservazione del Natural History Museum

In ogni museo c'è un mondo nascosto di esemplari custoditi sugli scaffali o nei cassetti, in attesa di essere studiati dagli esperti o di venire esposti in una mostra. I conservatori museali lavorano dietro le quinte per far sì che questi tesori siano curati e mantenuti in condizioni ottimali.

Il Conservation Centre del Natural History Museum comprende una serie di ampi spazi che lo rendono simile a un ospedale; solo che qui i 'pazienti' sono gli esemplari delle collezioni del museo. Tutti i trattamenti effettuati vengono aggiunti alla storia dell'esemplare, come avviene per le cartelle cliniche. Non c'è un giorno che sia uguale all'altro, e attraverso le porte del centro passano continuamente molti oggetti diversi, dai grandi mammiferi ai minuscoli insetti. Entrate con me per un giorno nel mondo dei conservatori museali e scoprite di più sul lavoro affascinante che svolgono e sugli esemplari che curano.

L'inizio della giornata

Sono arrivata presto per controllare i progressi del lavoro su un grande esemplare, piuttosto bello, di tigre del Caspio, che doveva essere esposta. La tigre era stata trasferita con ogni cautela al centro di conservazione dal magazzino della collezione e avevamo scattato foto dettagliate e preso appunti sul suo stato. L'esemplare era stato comprato da un'impresa di tassidermia nel 1927. Queste tigri meravigliose un tempo si trovavano in tutta l'Asia Centrale ma negli anni Settanta del secolo scorso si sono estinte quando gli umani hanno rimpiazzato il loro habitat con terreni agricoli e centri abitati. È l'unica tassidermia completa di questa specie di tigre presente nella nostra collezione, il che la rende davvero speciale. Prima di cominciare, abbiamo stabilito il trattamento e ne abbiamo discusso con il curatore che si occupa della collezione delle tigri. L'esemplare aveva bisogno di una pulita e di baffi nuovi. La pelliccia è stata pulita delicatamente a secco con spazzole e spugne, che hanno rimosso tutta la polvere.

Il passo successivo è stato ricostruire i baffi mancanti, cosa non semplice. I conservatori si trovano spesso ad affrontare problemi del genere: come creare parti sostitutive che assomiglino il più possibile all'originale. Tutti i materiali usati devono essere chimicamente inerti e stabili per garantire la conservazione dell'esemplare. Nikki, una delle nostre conservatrici, ha creato dei baffi artificiali inserendo un grosso filo di nylon in un tubicino per catetere. Poi ha usato una spatola riscaldata per appiattirlo e sagomarlo, quindi lo ha tagliato in varie lunghezze con un bisturi. I 'baffi' sono stati colorati per sembrare autentici e disposti sui due lati del muso. Con la lente di ingrandimento è stato facile individuare i forellini originali e incollarvi delicatamente i baffi falsi.

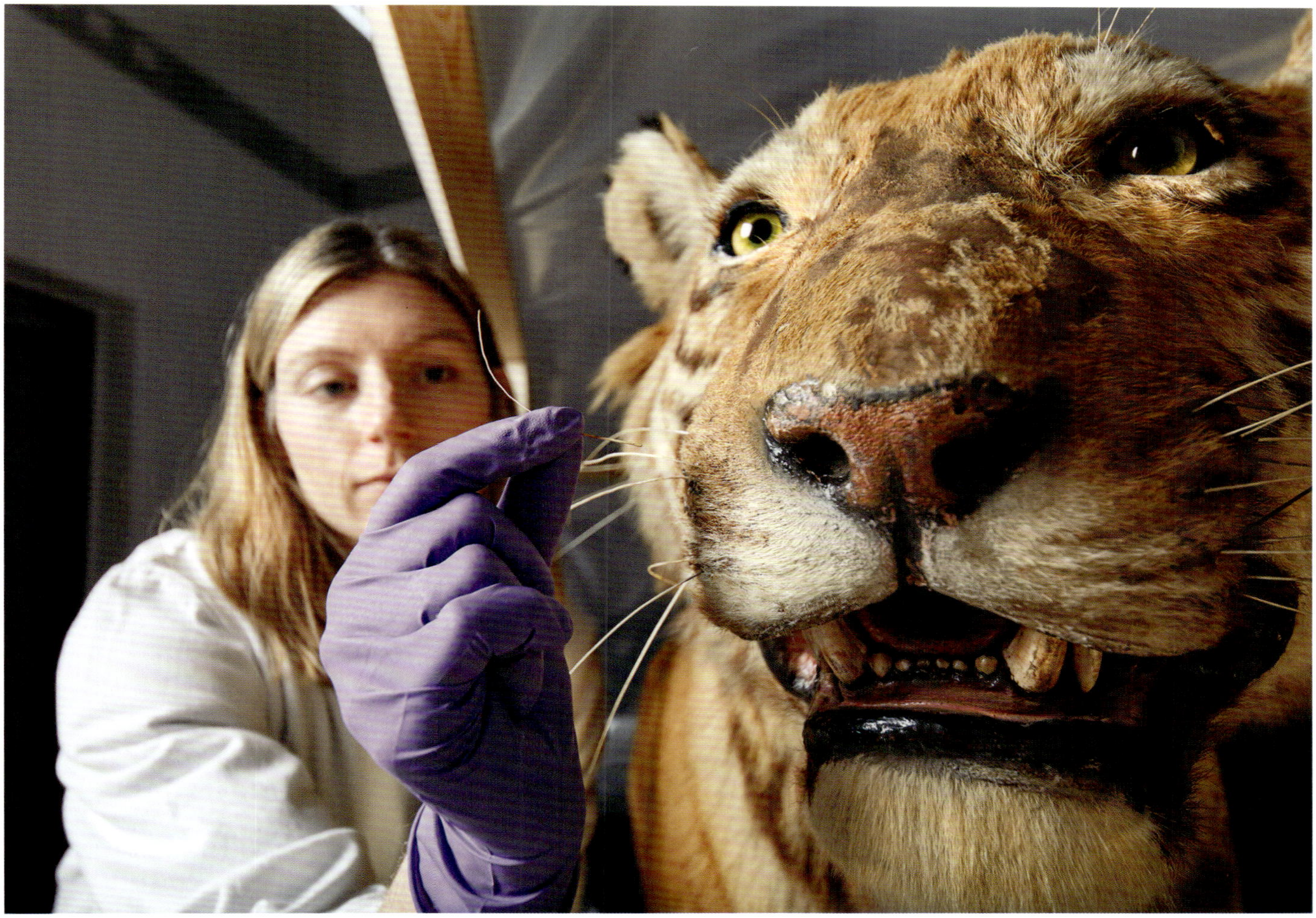

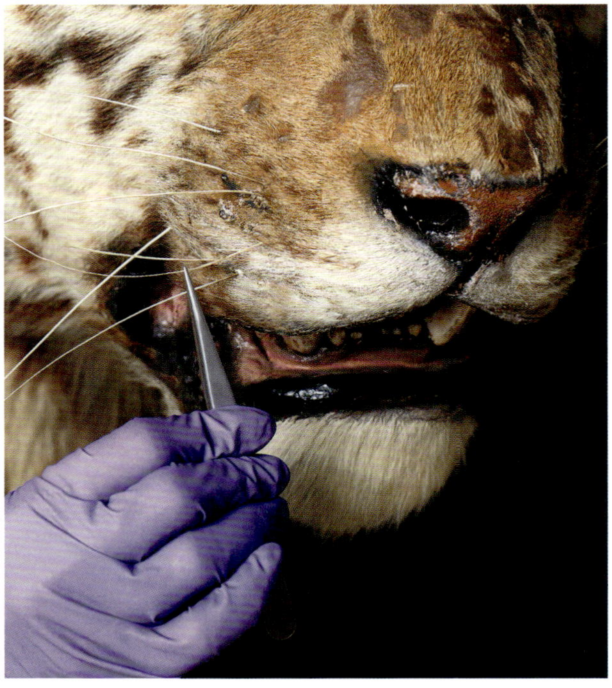

Il mantenimento degli esemplari
è un lavoro meticoloso.

Dopo pranzo

Più tardi ho visto Cheryl, che stava lavorando su una tarantola minore colombiana dall'aria spaventosa. Questo magnifico ragno è arrivato da noi nel 1875 e Cheryl aveva il compito di eseguire una riparazione invisibile su una zampa, tenuta insieme con uno spillo che rischiava di venire via. Abbiamo anche notato che sul fondo del contenitore si erano depositati alcuni peli del ragno potenzialmente pericolosi. In caso di contatto con la pelle, infatti, possono causare gonfiore e prurito, quindi era necessario procedere con cautela. La riparazione della zampa ha richiesto l'uso di uno speciale tessuto giapponese fatto di fibre molto resistenti e un misto particolare di colle. Un frammento minuscolo di tessuto e colla è stato spinto nella zampa cava, con lo spillo ancora in posizione. Con l'aiuto di un paio di pinzette, questo ha tenuto insieme le due parti della zampa.

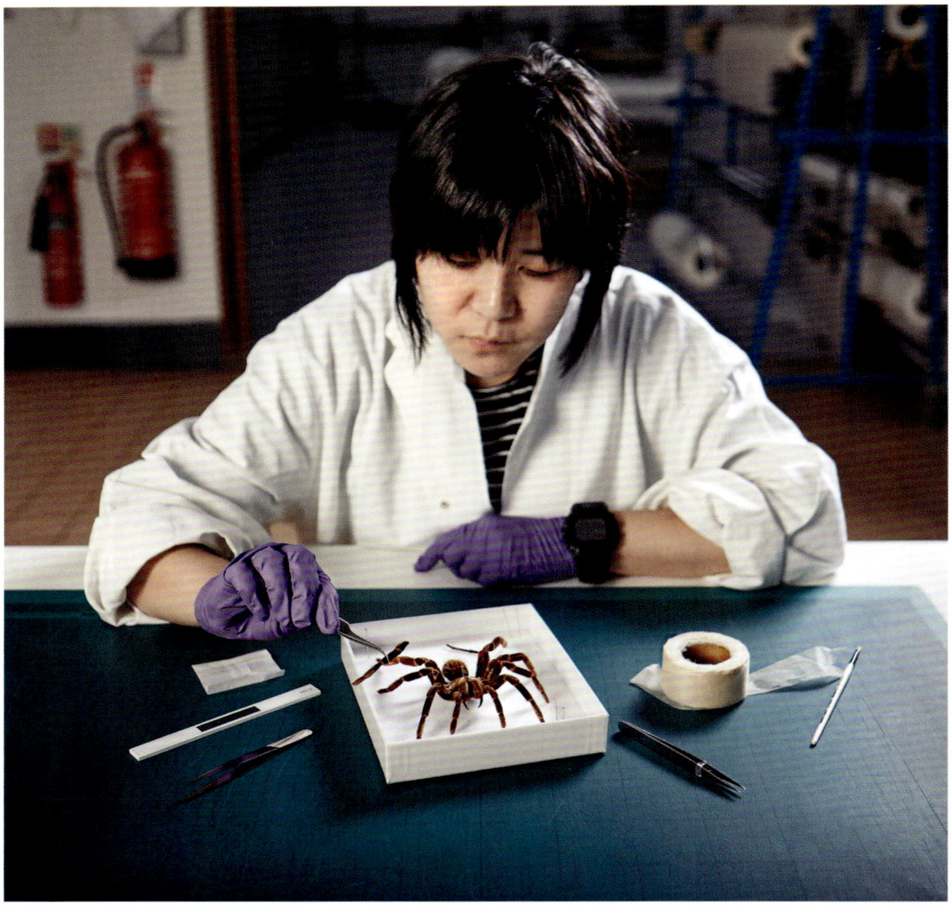

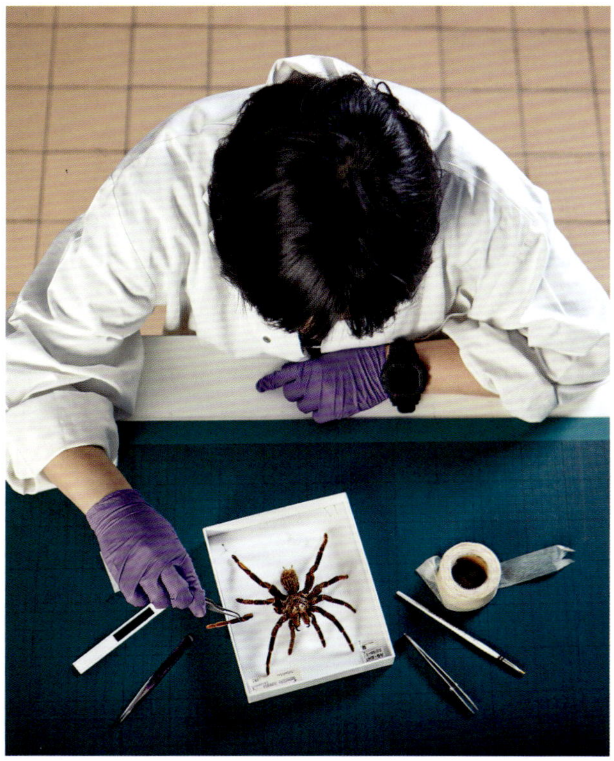

Tardo pomeriggio

Alla fine sono passata da Arianna, che stava riparando le orecchie di una lince canadese dopo averla pulita delicatamente. Questo notevole esemplare è arrivato dall'Alaska nel 1904. La lince ha un ottimo udito e degli speciali pennacchi sulla punta delle orecchie per catturare ancora meglio i suoni. I pennacchi erano danneggiati e mancanti in alcuni punti e dovevano essere sostituiti. Con una tecnica chiamata infeltrimento, Arianna è riuscita a sostituire i pennacchi mancanti. Ha usato una stoffa sottile chiamata Reemay come supporto e poi, con un ago appuntito, vi ha inserito dei ciuffi di lana scura. La toppa è stata poi attaccata alle orecchie con una colla speciale.

Ci vogliono molte ore per completare la pulizia e le riparazioni, ma è così che ci assicuriamo che gli esemplari vengano messi in mostra in condizioni perfette.

SAPEVATE CHE UN CONSERVATORE MUSEALE...?

- costruisce speciali piedistalli e supporti per gli oggetti che vanno nei magazzini e nelle esposizioni
- esamina le collezioni e prende nota delle condizioni di conservazione
- scrive le etichette e usa i database per tenere traccia degli interventi fatti sugli esemplari
- effettua analisi chimiche su tutti i contenitori in cui sono custoditi o esposti gli esemplari per assicurarsi che non rilascino sostanze nocive che possano provocare danni
- usa speciali apparecchi a raggi X sulle superfici degli esemplari per verificare la presenza di vecchi trattamenti con sostanze pericolose, come arsenico e mercurio, nocive per le persone
- mette in quarantena e congela gli esemplari per prevenire gli attacchi degli insetti
- monitora la temperatura, la luce e l'umidità nei magazzini e nelle teche da esposizione
- si prende cura degli oggetti quando sono in viaggio e li dispone nelle mostre e nei musei di destinazione
- fa tour guidati, parla con il pubblico e con la comunità scientifica
- pubblica articoli in volumi e riviste specializzate
- offre consulenze agli altri musei su come curare le collezioni
- forma altri curatori museali, ricercatori e tecnici
- lavora sull'aspetto e l'allestimento delle mostre
- gestisce fondi e gruppi di lavoro
- pulisce e ripara gli esemplari in mostra quando il museo è chiuso al pubblico

CAPITOLO DUE

MITO E LEGGENDA

'L'Unicorno è un bell'animale che vive nelle foreste del Nord Europa'.

Newt Scamander

MITO E LEGGENDA

Della dottoressa Helen Scales

Divulgatrice scientifica, conduttrice radiofonica e biologa marina

La dottoressa Helen Scales è biologa marina, scrittrice e conduttrice radiofonica. Tra i suoi libri ci sono il bestseller Spirali del tempo *e un volume per ragazzi sui polpi. Divide il suo tempo fra Cambridge in Inghilterra e la costa francese di Finistère.*

Se Newt Scamander mi invitasse nella sua valigia, per prima cosa salterei nel laghetto per farmi una nuotata con il Kelpie. Sono certa che mi sentirei al sicuro sotto lo sguardo vigile di Newt, ma se si trattasse di un incontro nella natura probabilmente sarei più cauta: nella mitologia i kelpie sono noti per affogare e divorare le persone. I kelpie celtici sono in compagnia di mandrie di altri mitici cavalli acquatici, come i dispettosi *nuggles* delle Isole Shetland e i sinistri *bäckahäst* della Scandinavia, che appaiono in riva ai fiumi nelle giornate di nebbia, attirando i passanti per farli salire in groppa e poi trascinarli sott'acqua. Si pensa che i racconti folclorici con queste figure minacciose di cavalli siano nati come ammonimento per i bambini a stare alla larga dai laghi profondi e dai fiumi impetuosi.

All'origine di una gran varietà di creature mitologiche ci sono avvistamenti di animali veri. Molti spuntavano sulla superficie dell'oceano per poi sparire rapidamente, lasciando i marinai coperti di salsedine a chiedersi cosa avessero visto. Potrebbe essere così che il regaleco è diventato un serpente marino, e il calamaro gigante si è trasformato d'incanto nel kraken. I draghi compaiono in miti e leggende di tutto il mondo, di solito immaginati come un assortimento di parti corporee di diversi animali comuni: serpenti e uccelli, pesci e tartarughe, coccodrilli, lucertole e leoni. Il Kelpie di Newt mi è particolarmente caro perché assomiglia a un dragone foglia coperto di alghe. Non sono davvero dei draghi, ma pesci insoliti che vivono nascosti lungo le coste meridionali dell'Australia, mimetizzandosi fra le fronde delle foreste di alghe. Sembra improbabile che il dragone foglia australiano sia stato l'ispirazione per quei cavalli mitologici, e immagino che nessuno di loro abbia mai fatto annegare una persona, ma di certo corrispondono alla descrizione di quegli spiriti equini d'acqua.

Pl. XXVI.
T. 2. P. 256.
Denys-Montfort del.
E. Voysard S.
LE POULPE COLOSSAL.

I cavallucci marini sono parenti stretti dei dragoni comuni e hanno creato la loro parte di miti e leggende. Ricorderò sempre la prima volta che ho visto un cavalluccio marino. Con la sua minuscola testa equina, gli occhi mobili di un camaleonte e la coda arrotolata come quella di una scimmia, sembrava uscito dritto da un libro di favole. Non stupisce che quando i pescatori dell'antica Grecia li trovavano nelle loro reti pensassero di aver trovato la progenie dell'Ippocampo, il leggendario animale metà cavallo e metà pesce, possente cavalcatura del dio Poseidone. Newt scrive che l'Ippocampo 'si trova in genere nel Mediterraneo', anche se precisa che un esemplare di Roano Azzurro venne catturato e addomesticato dai Maridi al largo della costa scozzese alla fine degli anni Quaranta del Novecento. A quanto pare l'Ippocampo è leggendario in tutto il mondo magico, al punto che il suo nome, *Hippocampe*, appare inciso sotto il sontuoso soffitto a cupola del Ministero della Magia Francese, insieme ad altri iconici animali magici come il centauro e il drago.

Anche da morto il cavalluccio marino mantiene la sua forma enigmatica, chiuso com'è in una specie di armatura. Questo spiegherebbe perché per secoli si è creduto che avesse poteri magici e terapeutici. Se ne avete mai trovato uno sulla spiaggia avrete avuto in mano un complesso abitante degli abissi invisibili. I cavallucci marini secchi vengono usati da secoli come amuleti e talismani contro gli spiriti maligni. Nell'antica Roma, la cenere di cavalluccio marino era usata come veleno e come cura contro la calvizie. Le antiche pillole cinesi delle fate acquatiche, fatte con cavalluccio marino e *Araneus marmoreus*, un ragno screziato di rosso, servivano in teoria a respirare sott'acqua, proprio come fa Harry Potter dopo aver ingerito l'Algabranchia durante il Torneo Tremaghi. Purtroppo molta gente crede ancora oggi nel potere curativo dei cavallucci marini, anche se gli scienziati non hanno trovato in essi alcuna traccia di sostanze terapeutiche; e il commercio legato alle medicine tradizionali asiatiche sta mettendo a rischio la popolazione di questi bizzarri pesci.

Molti animali fantastici sono noti non tanto per i fugaci avvistamenti nell'ambiente naturale quanto per il controllo che questi esseri soprannaturali esercitano sul mondo. Se fai arrabbiare un pesce gatto giapponese, quello scatenerà terremoti e tsunami, mentre i Tuoni Alati come Frank, l'esemplare che Newt ha salvato dalla prigionia in Egitto, scagliano fulmini dal becco e tuoni dalle ali. In effetti i Tuoni Alati sono talmente potenti e intelligenti che Newt ha affidato a Frank una missione di importanza vitale durante il suo soggiorno a New York. Proprio quando il mondo magico stava per essere portato allo scoperto, il Tuono Alato ha sparso a pioggia su tutta la città una pozione che ha cancellato la memoria di tutti i Babbani e protetto lo status quo.

D'altra parte ci sono animali in carne e ossa che dimostrano la realtà delle antiche leggende. A quanto pare gli unicorni si erano nascosti sotto i ghiacci dell'Artico sotto forma di narvali zannuti, almeno per quanto ne sapevano i mercanti medioevali che rivendevano quei corni preziosi. E quando Cristoforo Colombo vide i lamantini nuotare nelle acque dei Caraibi, per lui diventarono subito le sirene di cui aveva tanto sentito parlare (anche se forse non erano belle come si aspettava).

I Maridi compaiono nelle leggende di tutto il mondo, da migliaia di anni. Tra i popoli anfibi ci sono le Melusine dei racconti medioevali europei; la Iara brasiliana; la Sedna delle leggende inuit e i ningyo giapponesi, che a volte sono raffigurati solo con una testa umana su un corpo di pesce. Mami Wata è uno spirito acquatico panafricano, spesso associato con i lamantini dell'Africa occidentale, e in alcuni paesi è ancora venerata e rispettata. Tutti questi miti ci dicono che l'idea di esseri capaci di vivere sia sulla terra che nell'acqua, attraversando il confine tra le due parti del nostro mondo e creando un legame con le sue profondità nascoste e misteriose, è ancora irresistibile.

Oggi l'ultima generazione di Maridi è rappresentata dagli studiosi che esplorano gli abissi con l'aiuto di piccoli sottomarini e robot che possono arrivare a enormi profondità e sbirciare lì dove nessuno ha mai potuto prima. Quando esplorano il fondo degli oceani, riescono a intravedere creature che starebbero benissimo nello zoo di Newt. Ci sono calamari rosso-fragola con un unico, enorme occhio giallo, vermi acrobatici che sparano fuochi d'artificio verdi quando si spaventano, ragni marini grandi come piatti da portata, squali che vivono per secoli, e cetrioli marini che vagano per gli abissi come minuscoli maiali pallidi con granchi spinosi sulla groppa. Finché continueremo a osservare, ci sarà qualcosa da scoprire… e altre storie da raccontare sugli animali più fantastici del mondo.

Helen

INTRODUZIONE

Dai draghi sputafuoco ai misteriosi yeti di montagna, dalle maestose fenici agli unicorni magici, le creature mitiche hanno catturato la nostra immaginazione fin dall'inizio dei tempi.

Le storie degli incontri con questi animali fantastici hanno emozionato e terrorizzato in egual misura generazioni intere. Alcuni infondevano speranza e destavano meraviglia, ma più spesso davano origine a paure e fraintendimenti. Questi antichi miti servivano a spiegare i misteri della natura, presagi di eventi straordinari o di grandi calamità. In ogni cultura del mondo queste storie sono state tramandate da una generazione all'altra, dalle leggende dei popoli antichi ai miti contemporanei di oggi. Alcuni animali leggendari, come lo yeti o il celebre mostro di Loch Ness, continuano a essere 'avvistati' e cercati in mezzo alle nevi o nei loro habitat acquatici.

Ovunque andiamo troveremo tracce di questi animali iconici: manufatti, arazzi e dipinti nei musei e nelle gallerie; gargoyle e statue in cima alle chiese e ad altri edifici storici; racconti folclorici, poemi epici e canzoni; incredibili animazioni in CGI nei film.

E che dire degli autentici fossili e degli animali in carne e ossa che hanno ispirato questi miti? Rettili squamosi, strane creature marine con spaventosi tentacoli o lunghe code da pesce; misteriose creature simili a equini con corna ritorte. Questi animali così familiari sono diventati draghi, kraken, sirene e unicorni.

Proprio come tante creature mitiche sono state uccise o sfruttate nel mondo magico per il potere delle loro piume o delle loro corna, molte specie nel nostro mondo vengono cacciate e sfruttate fino all'estinzione. È importante comprendere perché stia succedendo, educarci e informarci sulle necessità e sui diritti di tutte le incredibili creature del mondo naturale, e sull'impatto che le nostre azioni hanno su di loro e sul loro ambiente. Troppi animali vengono aggiunti all'elenco delle specie in pericolo. Dobbiamo agire ora, per salvare e proteggere questi preziosi membri del nostro complesso ecosistema in cui siamo tutti interconnessi. Che siano magiche o reali, tutte le creature dovrebbero poter sopravvivere e prosperare nel loro habitat naturale. Nel passato, gli esemplari mai visti prima venivano interpretati come leggende. Ora abbiamo un enorme patrimonio di conoscenze e ricerche a portata di mano, e possiamo saperne sempre di più sugli incredibili animali che hanno ispirato la magia del mito.

***POISSONS, ECREVISSES ET CRABES (PESCI, GAMBERI E GRANCHI)*, 1718–1719**
LOUIS RENARD, ILLUSTRATO DA SAMUEL FALLOURS
The Natural History Museum

“Uno sguardo all’arte e alla letteratura babbane del Medioevo rivela che molte delle creature che oggi essi ritengono immaginarie a quel tempo erano note come reali. Il Drago, il Grifone, l’Unicorno, la Fenice, il Centauro: questi e altri sono rappresentati nelle opere babbane di quell’epoca...”

Gli Animali Fantastici: dove trovarli

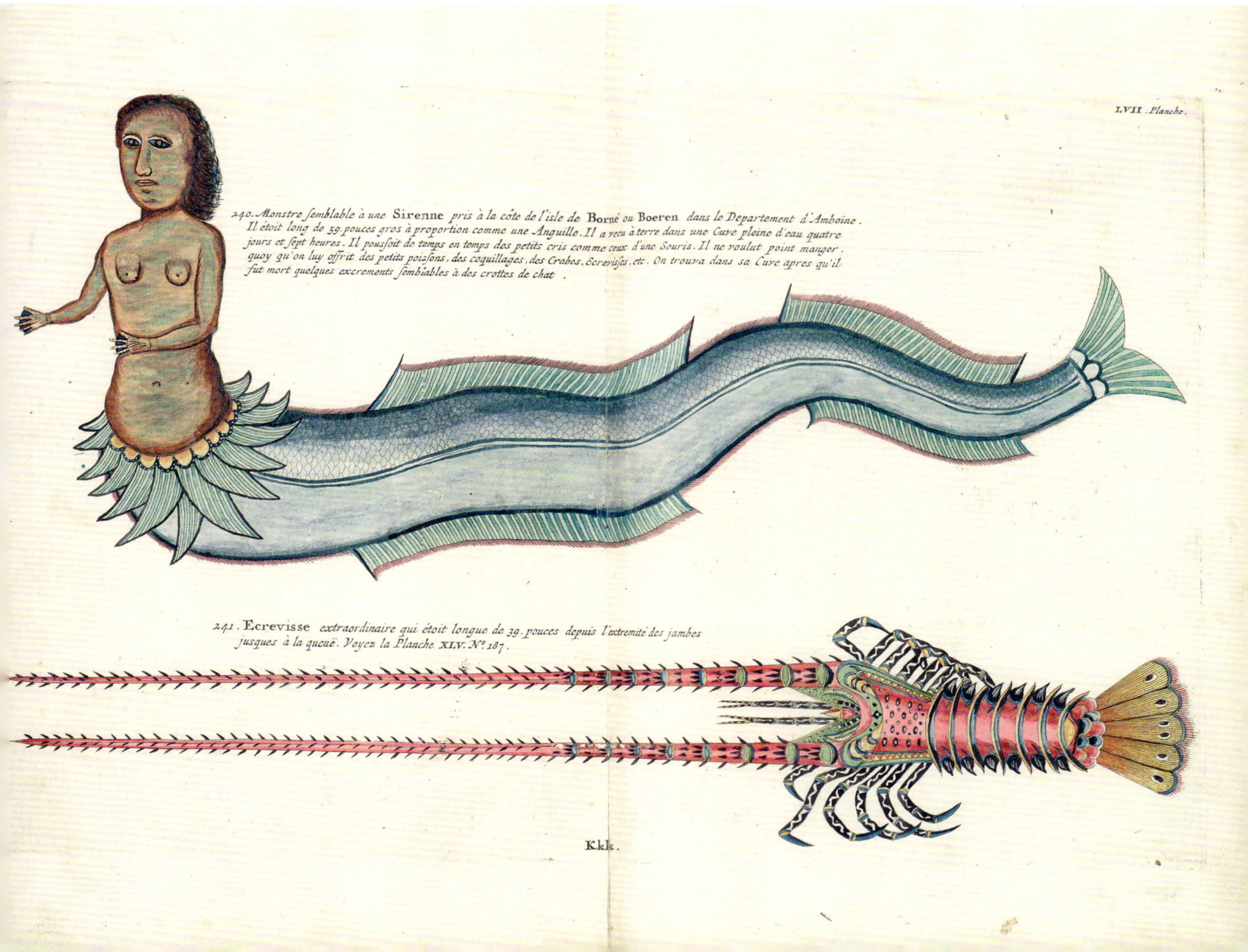

STORIE ANTICHE

I racconti di draghi e altri rettili giganti risalgono almeno al tempo degli antichi Greci. Nel 1335 uno strano teschio allungato fu ritrovato in un pozzo nei pressi della città di Klagenfurt, in Austria. Si pensò che appartenesse a un drago bipede volante noto come *Lindwurm*. Secondo la leggenda, questo animale mitico aveva terrorizzato la popolazione locale nel tredicesimo secolo, prima della fondazione della città. In seguito gli scienziati hanno identificato il teschio come quello di un mammifero dell'era glaciale estinto da tempo, il rinoceronte lanoso.

DIFESA CONTRO I DRAGHI

Nei film di Harry Potter si vede uno scheletro di drago appeso al soffitto dell'aula di Difesa contro le Arti Oscure, a Hogwarts. Il teschio è dotato di spuntoni, aculei e denti aguzzi, tipici di molte delle specie di drago che appaiono nel mondo magico creato da J.K. Rowling.

TESCHIO DI DRAGO
OGGETTO DI SCENA DAI FILM DI HARRY POTTER
Warner Bros.

I rinoceronti lanosi (*Coelodonta antiquitatis*) sono vissuti in Europa e in Asia tra i 500.000 e i 14.000 anni fa.

Una statua imponente del drago *Lindwurm* appollaiato su un monumento della città di Klagenfurt in Austria. Risale al 1590, e la sua testa enorme è stata scolpita sul modello di un teschio di rinoceronte lanoso.

ILLUSTRAZIONE DEL DRAGO GALLESE COMUNE VERDE (INCISIONE COLORATA A MANO)
OLIVIA LOMENECH GILL
Bloomsbury

DRAGO GALLESE COMUNE VERDE

Olivia Lomenech Gill ha realizzato questo disegno per l'edizione illustrata di *Gli Animali Fantastici: dove trovarli*. Laddove possibile, Lomenech Gill si è basata su animali realmente esistenti, ispirandosi alle collezioni museali. Per questo ha anche visitato il Natural History Museum di Londra. Anche se per i draghi ha usato come riferimento delle lucertole, l'artista si è comunque ispirata a un altro drago iconico, lo Smaug dello *Hobbit* di J.R.R. Tolkien. A Fleur Delacour è toccato un Gallese Comune Verde come prima prova del Torneo Tremaghi, in *Harry Potter e il Calice di Fuoco*.

"... questa razza è tra le meno moleste, dal momento che, come l'Opaleye, preferisce attaccare pecore ed evitare accuratamente gli umani se non aggredito."

Gli Animali Fantastici: dove trovarli

DRAGHI

In questo volume di storia naturale di trecentosessanta anni fa, i draghi compaiono insieme ad animali esistenti come giraffe e rinoceronti. L'autore, il religioso Edward Topsell, descrive i draghi come specie di serpenti, con diverse varietà diffuse in tutto il mondo. Alcuni strisciano sull'addome, mentre altri hanno zampe e ali. Nel corso della loro storia questi animali maestosi sono stati descritti sia come esseri spaventosi che come creature intelligenti e gentili. I draghi nella cultura cinese sono potenti, benevoli e portatori di buona fortuna; i draghi nelle culture occidentali sono spesso visti come animali che creano il caos, uccidono e custodiscono tesori.

***THE HISTORY OF FOUR-FOOTED BEASTS AND SERPENTS*, 1658**
EDWARD TOPSELL
The Natural History Museum

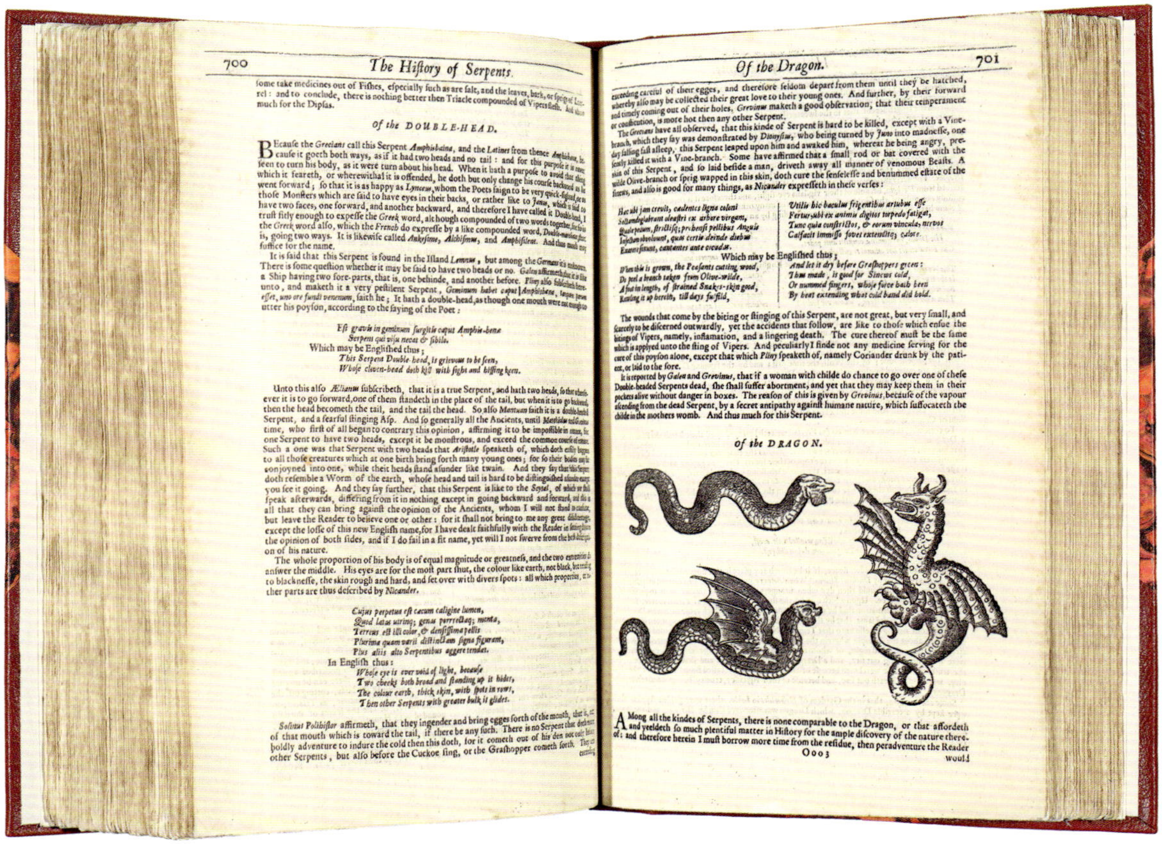

“Probabilmente la più celebre delle bestie magiche… La femmina in genere è più grossa e più aggressiva del maschio, anche se nessuno dei due dovrebbe essere avvicinato se non da maghi molto capaci e addestrati.”

Gli Animali Fantastici: dove trovarli

SERPENTI GIGANTI

Il pitone delle rocce indiano può arrivare fino a 6,7 metri di lunghezza. Forse questi enormi rettili hanno ispirato i racconti sui draghi-serpente indiani descritti dall'autore romano Plinio il Vecchio duemila anni fa. Plinio scrive che questi draghi riescono a uccidere degli elefanti stritolandoli. Anche se non è mai stato accertato un caso di serpente che abbia ucciso un animale così grande, il pitone delle rocce indiano è in grado di stritolare animali delle dimensioni di un'antilope.

SCHELETRO E PELLE
DEL PITONE INDIANO DELLE ROCCE

Python molurus

The Natural History Museum

(La pelle è stata donata dagli eredi di Robert e Jean Higham, settembre 1998)

IL RE DRAGO DI HOGWARTS

Basato su un teschio e su frammenti di ossa trovati nel 2004, gli scienziati ritengono che questo fosse l'aspetto del *Dracorex hogwartsia* (così chiamato in onore della Scuola di Magia e Stregoneria di Hogwarts). A differenza dell'Ungaro Spinato del mondo magico, quest'enorme animale era probabilmente erbivoro e viveva in piccole mandrie, come altri pachicefalosauri che abitavano la Terra tra i 140 e i 66 milioni di anni fa.

***Dracorex hogwartsia*, RICOSTRUZIONE DELLA TESTA**
The Children's Museum of Indianapolis, USA

UN CRANIO DA COMBATTIMENTO

Tutto quello che sappiamo sul *Dracorex hogwartsia* deriva da questo cranio e da pochi frammenti ossei. Mentre i draghi delle leggende sono noti per attaccare con il fuoco, il cranio appiattito del *Dracorex* suggerisce che questi dinosauri si combattessero spingendosi l'un l'altro con la testa. Gli spuntoni ossei forse contribuivano a evitare lo scivolamento.

***Dracorex hogwartsia*, CRANIO,**
TRA I 67 E I 66 MILIONI DI ANNI FA
HELL CREEK FORMATION, SOUTH DAKOTA, USA
The Children's Museum of Indianapolis, USA

“Probabilmente la più pericolosa di tutte le razze di Draghi, l’Ungaro Spinato ha scaglie nere ed è simile a un lucertolone… L’Ungaro Spinato si nutre di capre, pecore e, quando possibile, di umani.”

Gli Animali Fantastici: dove trovarli

ILLUSTRAZIONE DELL’UNGARO SPINATO (INCISIONE E ACQUERELLO)
OLIVIA LOMENECH GILL
Bloomsbury

IL 'DRAGO' CINESE

È possibile che questo piccolo alligatore abbia ispirato i racconti sui grandi draghi cinesi? In alcuni testi si dice che i draghi scavano tane, sbuffano nuvole cariche di pioggia e dormono nei laghi durante l'inverno. Analogamente, l'alligatore cinese va in letargo sottoterra, e in primavera, i maschi sbuffano vapore dalle narici, emettendo il verso che attrae la femmina.

'DRACO DORMIENS NUNQUAM TITILLANDUS'

Il motto latino della Scuola di Magia e Stregoneria di Hogwarts significa 'Mai fare il solletico a un drago che dorme'.

ALLIGATORE CINESE
Alligator sinensis
The Natural History Museum

La *Dracaena cinnabari* o 'albero del sangue di drago' è una delle principali fonti della resina sangue di drago, usata per molteplici scopi, dalla composizione dell'incenso a quella delle pitture e delle tinte. Questo albero insolito, dalla forma di ombrello, si trova solo sull'isola di Socotra, al largo delle coste dello Yemen.

UN CAMPIONE DI SANGUE DI DRAGO
DALLA COLLEZIONE DI HANS SLOANE
The Natural History Museum

“Quando è arrabbiato il Petardo Cinese emette dalle narici una fiamma a forma di fungo: di qui il nome.”

Gli Animali Fantastici: dove trovarli

Questo drago simile a un serpente, ritratto sul Muro dei Nove Draghi nella Città Proibita di Pechino in Cina, ha alcune caratteristiche tipiche del drago cinese, come il lungo corpo coperto di squame, quattro zampe, niente ali, e un forte legame con l'acqua.

L'alligatore cinese è uno dei coccodrilli a maggior rischio di estinzione. La riduzione del numero di questi animali è dovuta principalmente alla perdita del loro habitat, all'inquinamento e alla caccia. Tuttavia sono in corso programmi di conservazione (compreso l'allevamento in cattività) per cercare di aumentare la popolazione di questo piccolo, raro alligatore.

MARIDI

Gli avvistamenti delle sirene sono una costante della storia umana, e le apparizioni di queste misteriose creature marine variano da cultura a cultura. Le sirene dell'antica Grecia avevano corpi di uccelli e teste umane, e le selkie scozzesi erano foche e assumevano forma umana solo sulla terraferma. Le sirene erano spesso associate alla sfortuna e alla morte; attiravano i marinai fuori dalla loro rotta con la loro bellezza e il loro dolce canto. Altri racconti folclorici, tuttavia, parlano di creature gentili e benevole che salvano vite e si innamorano.

I MARIDI DI HOGWARTS

Nell'adattamento cinematografico di *Harry Potter e il Calice di Fuoco*, Harry vede una bellissima vetrata colorata con l'immagine di una sirena nel bagno dei prefetti a Hogwarts. Quando più tardi incontra davvero i Maridi nel lago nero, trova che la loro pelle grigiastra, i capelli verdi e aggrovigliati e i denti rotti non assomiglino affatto alla sirena della vetrata.

VETRATA COLORATA CON SIRENA

RIPRODUZIONE DI UN OGGETTO DI SCENA DAL SET DI *HARRY POTTER E IL CALICE DI FUOCO*, 2005

Warner Bros.

Gli avvistamenti di lamantini in mare e il canto misterioso delle balene sentito dalle navi possono aver ispirato la leggenda delle sirene. Nel 1493 Cristoforo Colombo raccontò di aver visto tre sirene durante il suo primo viaggio verso quelle che oggi chiamiamo Americhe. Notò che spuntavano dall'acqua e avevano facce umane. In base alla posizione del suo avvistamento (non lontano dall'attuale Haiti nei Caraibi) è possibile che Colombo avesse visto tre lamantini americani (*Trichechus manatus*). I lamantini sono mammiferi marini. A volte, mentre galleggiano nell'acqua bassa, si sollevano in verticale. I loro musi, con gli occhi che guardano avanti, hanno un aspetto quasi umano.

“I Maridi esistono in tutto il mondo, anche se variano nell’aspetto quasi quanto gli umani. I loro usi e abitudini restano misteriosi come quelli del Centauro...”

Gli Animali Fantastici: dove trovarli

ILLUSTRAZIONE DI MARIDI (INCISIONE E ACQUERELLO)
OLIVIA LOMENECH GILL
Bloomsbury

TRUFFE E SIRENE

I raggi X e altre analisi scientifiche hanno rivelato che questa spaventosa e convincente ‘sirena mummificata’ è fatta con un misto di ossa, legno, metallo, pesce secco e capelli umani. Durante il diciannovesimo secolo queste false sirene, a volte conosciute con il nome di ‘scimmie d’acqua’, venivano vendute ai marinai come portafortuna o come curiosità da esporre nelle fiere. Il primo proprietario di questo esemplare è stato rintracciato nell’Africa occidentale, ma il suo autore rimane un mistero.

LA SIRENA BUXTON
Buxton Museum Trust

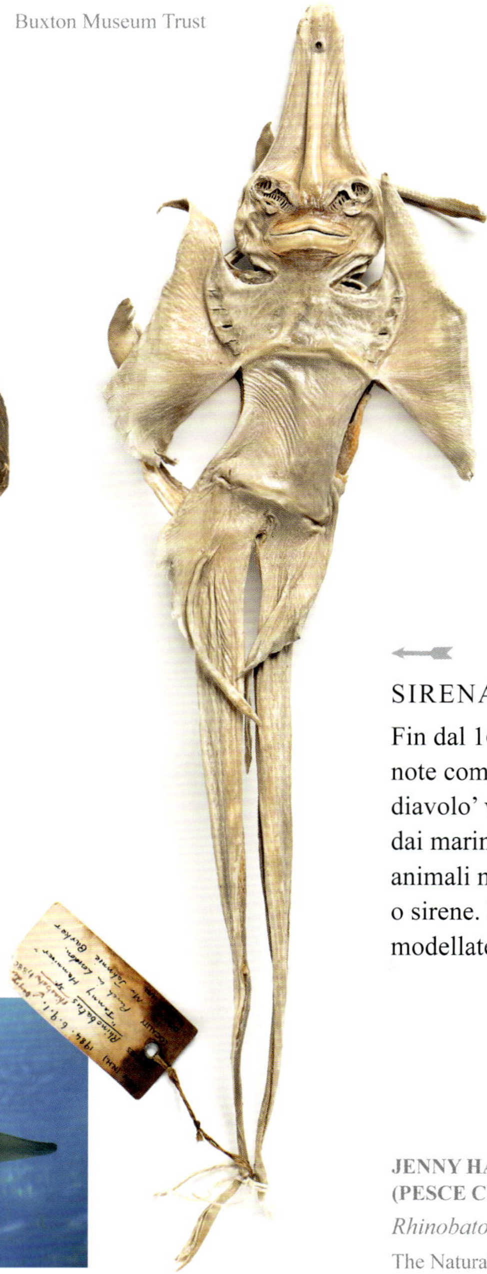

SIRENA O BASILISCO?

Fin dal 1600, strane creature essiccate note come ‘Jenny Haniver’ o ‘pesce diavolo’ venivano spesso portate a casa dai marinai e vendute a turisti ignari come animali mitologici quali basilischi, draghi o sirene. Erano in realtà le ossa seccate e modellate di razze, mante o pesci chitarra.

JENNY HANIVER
(PESCE CHITARRA ESSICCATO)
Rhinobatos sp.
The Natural History Museum

Il pesce chitarra è un tipo di razza, ma assomiglia a uno squalo e nuota allo stesso modo.

L'INDOVINELLO DEI MARIDI

Nella prima prova del Torneo Tremaghi, Harry Potter vince un uovo d'oro che contiene un indovinello. Quando lo apre 'un fragore tremendo, un gemito alto e stridulo invase la stanza'. Solo quando Harry immerge l'uovo in acqua riesce a decifrare il canto dei Maridi che ne rivela il messaggio segreto.

UOVO D'ORO

OGGETTO DI SCENA DAL FILM
HARRY POTTER E IL CALICE DI FUOCO, 2005

Warner Bros.

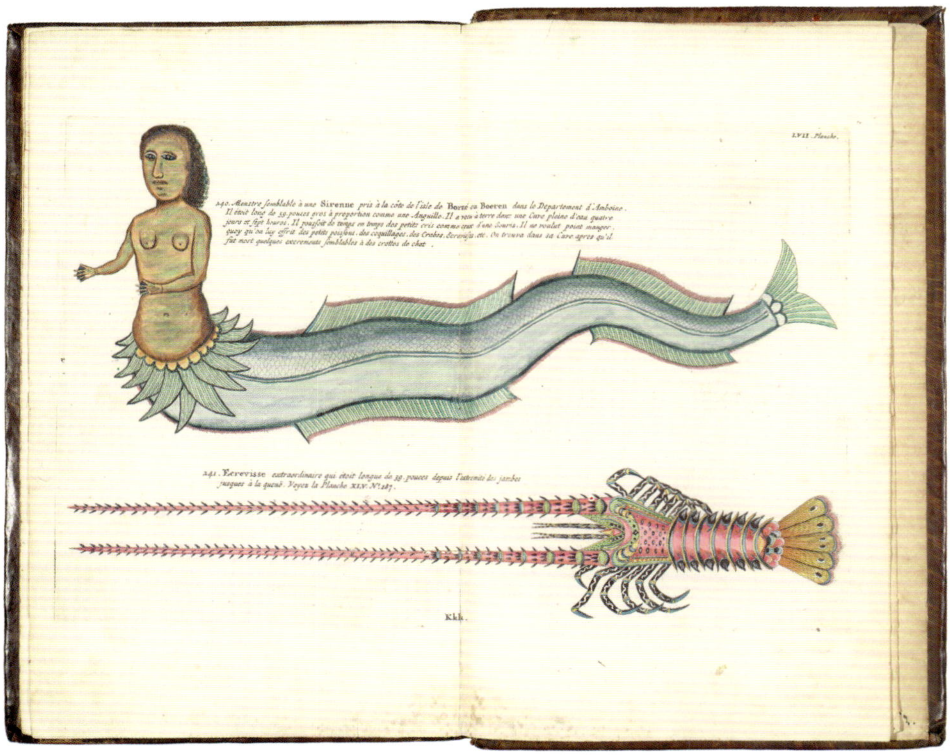

LA CATTURA DI UNA SIRENA

Pieno di pesci variopinti e a volte fantasiosi, questo libro del naturalista Louis Renard contiene la descrizione di un 'mostro simile a una sirena' catturato in Indonesia. Renard descrive la sirena come 'lunga un metro e mezzo, con le proporzioni di un'anguilla' e nota che 'di tanto in tanto emette piccole grida come quelle di un topo'. Elenca anche molti altri avvistamenti e afferma che l'esistenza delle sirene è 'accertata con sicurezza'.

***POISSONS, ECREVISSES ET CRABES (PESCI, GAMBERI E GRANCHI)*, 1718–1719**

LOUIS RENARD, ILLUSTRATO DA SAMUEL FALLOURS

The Natural History Museum

ANIMALI MAGICI CORNUTI

Per centinaia di anni si è creduto che gli unicorni esistessero davvero ed erano descritti nei libri di storia naturale insieme agli altri animali. Zanne, ossa e fossili venivano venduti come i corni magici di queste creature incantate e schive. Medicine fatte con polvere di corno 'di unicorno' venivano prescritte dai medici o comprate nelle farmacie per curare febbri, epilessia o la peste. Oggi sappiamo che quelle ossa appartenevano ad animali preistorici come i mammut.

UNICORNO SIBERIANO

L'*Elasmotherium sibiricum* è una specie estinta di rinoceronte. È noto anche come unicorno siberiano perché i ricercatori ritengono che la grossa protuberanza sul cranio un tempo sostenesse un corno enorme. Dall'analisi di fossili come questo teschio gli scienziati del Natural History Museum di Londra hanno scoperto che le popolazioni della Siberia, dell'Europa dell'Est e dell'Asia centrale potrebbero aver convissuto con questo 'unicorno' per migliaia di anni.

***Elasmotherium sibiricum*, CRANIO,**
TRA I 700.000 E I 39.000 ANNI FA,
SUD DI VOLGOGRAD, RUSSIA
The Natural History Museum

ZANNA DI NARVALO
Monodon monoceros
The Natural History Museum

CORNI CORTI E CODE RICURVE

Questa enciclopedia degli animali è stata pubblicata per la prima volta intorno al 1650. Tra le immagini di cavalli, asini e zebre, il libro presenta molti tipi di unicorni. Alcuni hanno corni corti, altri code ricurve o addirittura i piedi palmati. Queste illustrazioni erano basate sulle molte descrizioni diverse di queste creature mitiche, tramandate per migliaia di anni.

***THEATRUM UNIVERSALE OMNIUM ANIMALIUM*, 1718**
JOANNES JONSTONUS
The Natural History Museum

CRINI DI UNICORNO

Nel mondo magico di J.K. Rowling i corni, i crini e il sangue di unicorno hanno poteri speciali. Le bacchette fatte con crini di unicorno sono fedeli e producono gli incantesimi più costanti. Remus Lupin, Draco Malfoy e Ron Weasley hanno bacchette con un nucleo di crine di unicorno.

LE BACCHETTE DI REMUS LUPIN (IN ALTO), DRACO MALFOY (AL CENTRO) E RON WEASLEY (IN BASSO)

OGGETTI DI SCENA DAI FILM DI HARRY POTTER

Warner Bros.

TESSERE STORIE DI UNICORNI

Quando è stato realizzato questo arazzo, circa cinquecento anni fa, gli europei credevano che gli unicorni esistessero davvero. Nel tardo Medioevo (tra il 1300 e il 1500) gli artisti rappresentavano gli unicorni come creature simili a cavalli, di un bianco candido, con un lungo corno ritorto. Si diceva che fossero aggraziati e schivi, e che i loro corni magici avessero poteri curativi.

ARAZZO MILLEFIORI CON UNICORNO (CIRCA 1500)

Victoria and Albert Museum

Ora sappiamo che i ‘corni di unicorno’ comprati e venduti per secoli in Europa vengono in realtà da un piccolo cetaceo artico chiamato narvalo. I maschi della specie hanno un unico dente (una zanna) che spunta dalla parte anteriore della testa. Questa zanna può arrivare fino a tre metri di lunghezza. Studi recenti suggeriscono che la sua funzione può essere quella di aiutare il narvalo a trovare il cibo o a percepire variazioni nella temperatura, nella pressione o nella concentrazione di sale.

“Il corno, il sangue e il pelo dell’Unicorno possiedono proprietà altamente magiche. Esso in genere evita il contatto umano, è più probabile che consenta a una strega che a un mago di avvicinarlo, ed è così veloce nella corsa che è molto difficile da catturare.”

Gli Animali Fantastici: dove trovarli

DISEGNO DI UN UNICORNO (INCISIONE A PUNTASECCA)
OLIVIA LOMENECH GILL
Bloomsbury

I MOSTRI MARINI

Un tempo si credeva che gli oceani fossero abitati da animali enormi e spaventosi. Racconti di misteriosi mostri marini che trascinavano i marinai e le loro navi sul fondo sono molto comuni nei miti antichi. I marinai tornavano a casa raccontando di aver visto strane creature. Ma i veri 'mostri' di quelle storie non erano forse regaleci, calamari giganti e altri animali marini poco noti?

IL KRAKEN

I racconti sul kraken descrivono una creatura simile a una piovra che attaccava i marinai e addirittura navi intere. Oggi si ritiene che all'origine di queste storie potessero esserci avvistamenti di calamari giganti e altri grandi cefalopodi come le piovre.

***HISTOIRE NATURELLE, GÉNÉRALE ET PARTICULIÈRE DES MOLLUSQUES*, 1801**

PIERRE DENYS DE MONTFORT

The Natural History Museum

ORIGINI DEL KRAKEN

Si ritiene che le spiegazioni più probabili per i racconti di mostri marini come il kraken siano gli incontri con dei calamari giganti. Questi animali degli abissi di rado si vedono vivi, ma dei calamari morenti vengono avvistati talvolta vicino alla superficie dell'acqua o spiaggiati. Molte delle cose che sappiamo sui calamari giganti vengono dall'esame di resti come questi, trovati nello stomaco di un capodoglio.

TESTA E TENTACOLI DI UN GIOVANE ESEMPLARE DI CALAMARO GIGANTE PARZIALMENTE DIGERITO

Architeuthis dux

The Natural History Museum

INCONTRI RAVVICINATI

Questo album del diciannovesimo secolo è pieno di storie di avvistamenti di serpenti marini. È stato creato da Richard Owen, il primo sovrintendente del Natural History Museum, che era scettico perché non era mai stata trovata alcuna prova tangibile dell'esistenza di questi mostri. Sospettava che i marinai avessero semplicemente avvistato foche, balene e altre creature marine senza riconoscerle; un punto di vista, il suo, che gli valse il soprannome di 'Assassino di serpenti marini'.

RITAGLIO DI GIORNALE IN ALBUM DI MATERIALI SUI SERPENTI MARINI, RACCOLTI DA RICHARD OWEN, 1830-1880 CIRCA

The Natural History Museum

CARTA MARINA ET DESCRIPTIO SEPTEMTRIONALIVM TERRARVM AC MIRABILIVM RERVM IN EIS CONTENTA
GRVTLADIE PARS
ISLANDIA
MARE GLACIA
FINMA
LAPP
B
A
D
E
H
G
FARE
TILE
PISTRIS SIVE RHISET
ZIPHIVS
BALENA
ORCADES
SCANDIA
NORVEGIA
SVECIA
GOTHIA
DANIA
NORMORIA
IEMPTIA
HELSINGI
BOTN
OCCIDENS
MARE DEVCALIDONICVM
SCOCIE PARS
ANGLIE PARS
OCEANVS BRITANICVS
MARE GERMANICVM
MARE GOT
FRISIA
POMERANIA
HOLSATIA
SCALA MILLIARIVM
GRADVS LONGITVDINIS
MERIDIES

UN MARE PIENO DI MOSTRI

Questa cartina, disegnata da Olaus Magnus, mostra i mari intorno alla Scandinavia popolati da creature feroci. È possibile che tra queste ci fossero in realtà animali marini avvistati dai marinai e scambiati per mostri? Alcuni, come lo spaventoso Serpente Marino (nella parte superiore della cartina), erano l'incubo dei marinai. Si diceva che questo serpente gigantesco fosse lungo più di sessanta metri e avesse un diametro di sei metri, e che potesse stritolare tra le sue spire un'intera nave.

CARTA MARINA
RIPRODUZIONE DI UN FACSIMILE DEL 1949 COLORATO A MANO, 1539
OLAUS MAGNUS
The James Ford Bell Library, University of Minnesota, USA

RESTI DI UN PESCE MOSTRUOSO

Questo lungo scheletro appartiene a un regaleco gigante, la specie vivente più lunga di pesce osseo che ci sia nota. Queste incredibili creature degli abissi possono arrivare fino a otto metri di lunghezza: il doppio dell'esemplare mostrato nella foto. Gli scienziati non sanno ancora molto del comportamento del regaleco gigante, perché questi pesci vivono su fondali fino a mille metri di profondità e di rado si incontrano vivi. Tuttavia, qualche avvistamento del suo lungo corpo argenteo e sinuoso e delle pinne rosso acceso, o la presenza di esemplari morenti spiaggiati potrebbe essere all'origine di molti racconti sui misteriosi 'serpenti marini'.

SCHELETRO DI REGALECO GIGANTE
Regalecus glesne
The Natural History Museum

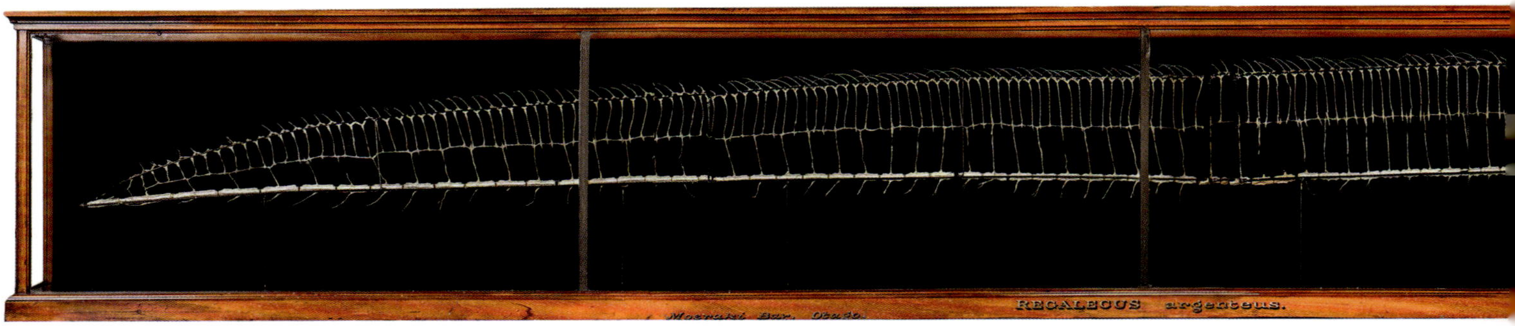

“Benché di aspetto inquietante, che si sappia i serpenti marini non hanno mai ucciso alcun umano, nonostante gli isterici resoconti babbani sul loro comportamento feroce.”

Gli Animali Fantastici: dove trovarli

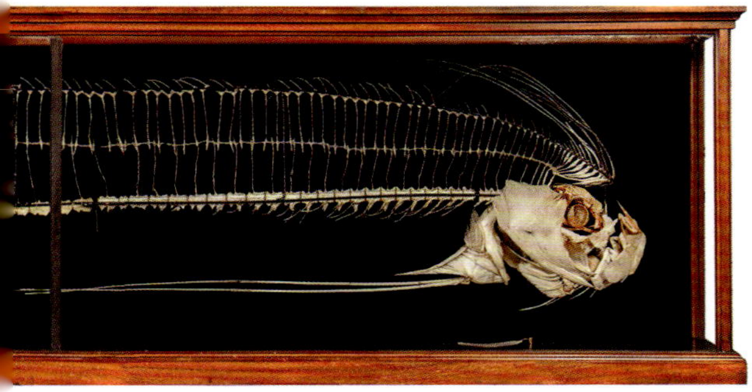

SERPENTE MARINO

L’artista Olivia Lomenech Gill si è rivolta al mondo naturale per trovare l’ispirazione mentre lavorava all’edizione illustrata di *Gli Animali Fantastici: dove trovarli.* Lomenech Gill scrive che per la sua incisione del serpente marino si è ‘ispirata moltissimo al regaleco, di cui non sapevo nulla finché non ho cominciato a lavorare al libro. È fantastico che certe creature esistano davvero!’

ILLUSTRAZIONE DI SERPENTE MARINO (INCISIONE E ACQUERELLO)
OLIVIA LOMENECH GILL
Bloomsbury

VITA DA NATURALISTI

Ci sono stati molti naturalisti straordinari nella storia, da Plinio il Vecchio nell'antica Roma a Jane Goodall e altri oggi in attività. Le ricerche dei primi naturalisti hanno aperto la strada alle generazioni future e al lavoro incredibile che questi esperti fanno per proteggere il nostro ambiente naturale.

Plinio il Vecchio, 23-79 d.C.

Scrittore, naturalista, filosofo e comandante navale romano, condusse ricerche in campo naturale, storico e geografico su materie quali la zoologia, l'astronomia, la botanica, l'agricoltura e la medicina. Raccolse le sue scoperte nell'opera *Naturalis historia*, un lavoro enciclopedico in trentasette volumi che divenne il modello per tutte le altre enciclopedie.

Maria Sibylla Merian, 1647-1717

Naturalista e illustratrice scientifica tedesca. Fu un'importante entomologa del suo tempo e una delle prime naturaliste a osservare direttamente gli insetti. Merian pubblicò diversi volumi di illustrazioni naturali, in cui documentò i cicli vitali di molte diverse specie di insetti. Il suo libro *Metamorphosis Insectorum Surinamensium* (*La metamorfosi degli insetti del Suriname*) è un resoconto dettagliato delle specie di insetti tropicali che aveva studiato nel paese sudamericano.

Carlo Linneo, 1707-1778

Medico, botanico e zoologo svedese, padre della classificazione delle specie. Linneo propose un sistema gerarchico per la classificazione del mondo naturale nella sua opera *Systema Naturae* (*Il sistema della natura*). Il suo metodo segna l'inizio della nomenclatura scientifica moderna di animali e piante in due parti: il genus (tipo di organismo) e la specie (il gruppo specifico a cui l'organismo appartiene).

"Newton ('Newt') Artemis Fido Scamander nacque nel 1897. Il suo interesse per le creature favolose fu incoraggiato dalla madre, appassionata allevatrice di Ippogrifi di razza scelta."

Gli Animali Fantastici: dove trovarli

Charles Darwin, 1809-1882

Naturalista inglese. Ha pubblicato la sua teoria dell'evoluzione con il collega **Alfred Russel Wallace (1823-1913)**, che aveva formulato indipendentemente le stesse idee. La loro teoria afferma che tutte le specie si sono evolute nel tempo da antenati comuni, per mezzo della selezione naturale; vale a dire che le specie in grado di adattarsi all'ambiente sopravvivono e continuano a riprodursi.

Dian Fossey, 1932-1985

Antropologa, zoologa e primatologa americana. Fossey intraprese uno studio approfondito, lungo diciotto anni, sui gruppi di gorilla delle foreste montane del Rwanda. Viveva fra i gorilla, e le sue osservazioni dirette e le sue ricerche hanno cambiato il nostro modo di vedere e comprendere questi incredibili animali, e sono servite d'ispirazione ad altri che hanno proseguito la sua opera di protezione e conservazione.

Jane Goodall, 1934

Antropologa e primatologa britannica. Goodall è conosciuta soprattutto per il suo studio di oltre quarantacinque anni delle interazioni familiari e sociali degli scimpanzé della Tanzania, ed è considerata una delle maggiori esperte mondiali di scimpanzé. Ha fondato un istituto che porta il suo nome e coordina vari programmi mirati alla conservazione e al benessere animale.

the larva
a leaf of
arpus Natali"
Leigh, F.E.S.—
n (Natal) Dec: 31:
1908.—

27.† Full
grown
a of Charaxes
nt Chœtachme
G.F. Leigh.—
: 3: 1909.—

26.* Full grown
larva (light, tipical
form) of Hesperia
Keithloa, also on a
leaf of Acridocarpus
Natalitius.—Presented
to me by Mr: G.F. Leigh.
Durban (Natal)

26b.* Freshly
of Hesperi
Durban, (N

26c.* Pupa o
Keithloa, a
two in the Pu
Durb

CAPITOLO TRE

L'ESPLORATORE NATURALISTA

*'**Gli Animali Fantastici: dove trovarli** rappresenta il frutto di molti anni di viaggi e ricerche'.*

Newt Scamander

L'ESPLORATORE NATURALISTA

Di Andrea Hart

Responsabile delle collezioni bibliotecarie speciali, Natural History Museum

Andrea Hart è a capo di una delle più vaste collezioni al mondo di libri, opere d'arte e manoscritti di storia naturale. Autrice e consulente esperta dell'Arts Council England, è anche membro della Commissione Collezioni della prestigiosa Linnean Society di Londra.

Gli esseri umani si interessano al mondo naturale da millenni, ma è stato solo durante il diciassettesimo secolo che è emerso lo studio della natura per mezzo dell'osservazione attenta e della deduzione. Gli esploratori naturalisti hanno cominciato a viaggiare per il mondo, catalogando sistematicamente e analizzando ciò che vedevano, per poi cercare di capirne il funzionamento.

Allo stesso tempo, nel mondo magico, maghi e streghe stavano cercando di capire di più degli animali fantastici che vivevano fra loro. Già nel quattordicesimo secolo la comunità magica dibatteva sulla definizione di 'animale', controversia che infuria da secoli. Una creatura magica con due zampe è da considerarsi un 'essere' o un 'animale'? Ma è stato solo nel diciannovesimo secolo che si è giunti a una definizione accettabile per la maggioranza. Mentre si è convenuto che un essere è 'qualunque creatura dotata di intelletto sufficiente da comprendere le leggi della comunità magica e da assumersi parte della responsabilità di stilare quelle leggi', gli animali, per definizione, costituiscono una categoria vasta e diversificata, che va dall'Acromantula allo Zouwu. Da allora i Magizoologi come Newt Scamander lavorano instancabilmente per conoscere meglio queste specie, viaggiando per tutto il pianeta in cerca di animali fantastici.

I primi pionieri della ricerca naturalistica erano coraggiosi, curiosi e meticolosi. Una mia eroina, Maria Sibylla Merian, fu una dei primi esploratori naturalisti a studiare gli insetti sul campo. Nel 1699, in un'epoca in cui le donne viaggiavano raramente da sole, partì da Amsterdam per il Suriname, allora colonia olandese nel Sud America, accompagnata solo da sua figlia, per realizzare l'ambizione di tutta una vita: documentare e disegnare nuove specie di insetti e le piante su cui vivevano. Poiché il vestiario europeo di allora non era adatto al clima, dovette

ENTOMOLOGICAL PINS
MANUFACTURED BY
D. F. TAYLER & Co
LIMITED
NEW HALL WORKS, BIRMINGHAM
TRADE MARK
BY SPECIAL APPOINTMENT TO HER MOST GRACIOUS MAJESTY
Queen Victoria
AND ALL THE ROYAL FAMILY.
PRIZE MEDALS
LONDON, 1851 AND 1862.
AMSTERDAM 1867, VIENNA 1873.
Please observe that all Boxes and Packets containing the genuine Manufacture of D. F. Tayler & Co. bear the Fac-simile of their Signature thus
D. F. Tayler & Co

KIRBY, BEARD & Co.
(LIMITED)
MANUFACTURERS OF
ENTOMOLOGICAL
PINS.
LONDON & BIRMINGHAM

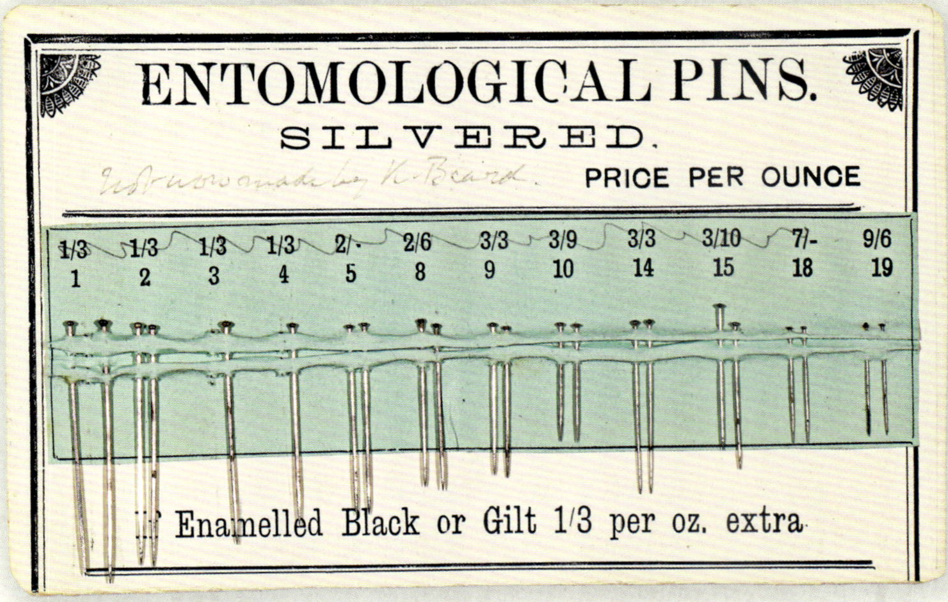
ENTOMOLOGICAL PINS.
SILVERED.
PRICE PER OUNCE
1/3 1/3 1/3 1/3 2/- 2/6 3/3 3/9 3/3 3/10 7/- 9/6
1 2 3 4 5 8 9 10 14 15 18 19
Enamelled Black or Gilt 1/3 per oz. extra

condurre la maggior parte delle sue ricerche di notte, ma questo non le impedì di compiere scoperte sensazionali e catturare brillantemente con i suoi dipinti i cicli vitali delle farfalle e di molto altro. Successivamente si ammalò, probabilmente di malaria, e fu costretta a tornare ad Amsterdam dopo meno di due anni; ma il suo *Metamorphosis Insectorum Surinamensium* fu pubblicato con enorme risonanza nel 1705. Tra i molti scienziati che hanno consultato e si sono basati sul suo lavoro ci fu Carlo Linneo, il cui sistema di classificazione del mondo naturale è in uso ancora oggi.

Un altro grande esploratore naturalista fu Alexander von Humboldt, che viaggiò in tutte le Americhe tra il 1799 e il 1804. Ispirati dai viaggi del capitano Cook e di Louis-Antoine de Bougainville, lui e il suo collega Aimé Bonpland condussero la prima esplorazione scientifica delle regioni che oggi costituiscono il Venezuela, la Colombia, il Perù e l'Ecuador; viaggiarono anche in Messico, a Cuba e negli Stati Uniti. Tracciarono mappe del territorio e fecero osservazioni dettagliate in tutti i loro viaggi. Raccolsero complessivamente più di sessantamila esemplari botanici, tremila dei quali ancora sconosciuti alla scienza, e tra le molte scoperte significative fatte da Humboldt c'è quella che lui definì geografia delle piante, che rivelò come la Terra fosse divisa in regioni distinte e che la presenza delle diverse varietà di piante fosse dovuta all'altitudine, alla temperatura, al clima e alla geografia.

Humboldt, a sua volta, fu di ispirazione per celeberrimi esploratori naturalisti come Charles Darwin, che si imbarcò per il suo viaggio quinquennale sulla HMS *Beagle*, e Alfred Russel Wallace, che con l'amico e collega Henry Walter Bates partì prima per l'Amazzonia e poi per la Malesia. Durante i loro viaggi non smisero mai di osservare e descrivere ciò che vedevano, e di cercare di spiegare ciò che per loro non aveva senso, come l'eccezionalità degli animali che Darwin scoprì nelle isole Galápagos e le notevoli differenze che Wallace notò nella fauna di due parti diverse dell'arcipelago malese, nonostante queste fossero separate solo da uno stretto braccio di mare. Questi epici viaggi fornirono a Darwin e Wallace le prove di cui avevano bisogno per sviluppare le loro teorie rivoluzionarie sull'evoluzione basata sulla selezione naturale.

Una spedizione non è quasi mai facile: molti esploratori naturalisti affrontavano enormi pericoli per la loro incolumità e grandi sfide mentali. Attraversavano paesaggi bizzarri e inospitali, spesso rischiando malattie potenzialmente fatali, con la possibilità del disastro sempre dietro l'angolo. Humboldt dovette essere salvato dall'annegamento quando la sua canoa si rovesciò e Wallace per poco non perse tutto, comprese le sue preziose collezioni, quando la nave su cui stava tornando dall'Amazzonia prese fuoco e affondò.

Ci avviciniamo all'epoca dei viaggi di Newt. Le esplorazioni polari aggiunsero una dimensione nuova ed entusiasmante a questo campo, ma a prezzo di pericoli e fatiche ancora più grandi. Uno dei miei libri di viaggio preferiti è *Il peggior viaggio del mondo* di Apsley Cherry-Garrard. Leggendo questo resoconto non si possono avere dubbi che fu proprio quello, il peggior viaggio del mondo. Cherry-Garrard partecipò alla spedizione *Terra Nova* del capitano Scott, diretta in Antartide, che dovette affrontare condizioni proibitive per esplorare il continente nel nome della scienza e della scoperta. Il più terribile dei viaggi vide Cherry-Garrard e i suoi due compagni percorrere circa cento chilometri nel buio e nel gelo dell'inverno per raccogliere uova di pinguino imperatore. Ci vollero diciannove giorni per arrivare sul posto, con temperature al di sotto dei -60°. In quelle circostanze estreme, Cherry-Garrard batteva i denti così forte che molti si ruppero. Il viaggio si concluse degnamente quando, raccolte le uova, la squadra rischiò di non riuscire a tornare indietro perché una tempesta fece volare via la loro tenda. La vita di un naturalista non è per deboli di cuore!

Le modalità dell'esplorazione naturalistica sono inevitabilmente cambiate grazie allo sviluppo tecnologico, ma per altri aspetti sono rimaste le stesse. I botanici continuano a raccogliere piante che fanno seccare e appiattiscono per poterle incollare sui fogli degli erbari. Gli entomologi risucchiano ancora gli insetti con le pipette di vetro o li catturano in volo con varianti più moderne del retino vittoriano per farfalle. Il progresso della fotografia, invece, ha rivoluzionato la raccolta dei dati visuali e portato alla scomparsa dell'esploratore artista.

Ciò che è rimasto costante, tuttavia, è l'importanza dei dati. Senza le informazioni sul luogo e la data della raccolta, un esemplare serve poco alla scienza. Fare confronti accurati tra passato e presente è possibile solo con dati precisi; e così le nostre collezioni storiche, arricchite dai resoconti e dalle illustrazioni, oggi sono più importanti che mai e ci permettono di comprendere cosa è cambiato e prevedere cosa succederà in futuro.

Newt Scamander è un meraviglioso esempio del valore e dell'importanza di questa pratica. I suoi appunti dettagliati e ordinati, i suoi diagrammi e disegni formano un apparato di riferimento incredibile per chi voglia cercare e capire gli animali fantastici del mondo magico. Il suo lavoro pionieristico ha portato perfino all'Editto contro l'Allevamento Sperimentale, che 'evitò con efficacia la creazione di nuovi e indomabili mostri in Gran Bretagna'. Dobbiamo molto a lui e a tutti i grandi esploratori naturalisti del passato. Le loro scoperte e il loro istintivo rispetto per la natura non solo hanno approfondito la nostra conoscenza, ma hanno anche aperto una finestra sulla magnificenza della biodiversità e degli ecosistemi del mondo.

CHE COSA FA UN NATURALISTA?

Un naturalista è una persona che studia piante, animali e altri esseri viventi. Ci sono diversi tipi di naturalista: gli zoologi osservano gli animali, i botanici le piante e gli entomologi si concentrano sugli insetti. Lo studio avviene sia sul campo che in laboratorio. Osservano il modo in cui animali e piante vivono, si comportano e interagiscono gli uni con le altre nel loro habitat naturale; studiano le abitudini di riproduzione e alimentazione e come gli esseri viventi si adattano ai loro ambienti; analizzano inoltre l'impatto delle attività umane sulla sopravvivenza delle diverse specie.

In passato, molti naturalisti europei come Newt Scamander hanno viaggiato fino agli angoli più remoti del globo per imparare il più possibile sul nostro mondo e sulle creature con cui lo condividiamo. Che fossero guidati dalla passione, dalla curiosità o da interessi commerciali, naturalisti ed esploratori hanno affrontato mari in tempesta, venti artici e terreni pericolosi. La loro ricompensa era tornare a casa con racconti di avventure, nuove scoperte e conoscenze scientifiche preziose. Le osservazioni e i campioni raccolti dai naturalisti del passato hanno aperto la strada agli studi degli scienziati e degli ambientalisti di oggi, ma è importante riconoscere che il loro lavoro era inestricabilmente legato al colonialismo europeo, che ebbe un impatto devastante sulle popolazioni locali e sull'ambiente.

La ricerca e il lavoro sul campo che i naturalisti portano avanti è fondamentale per la nostra comprensione della varietà del nostro mondo naturale. Le loro osservazioni ci mostrano quanto siano straordinarie le creature viventi e quanto sia importante pensare alle molte specie a rischio e trovare soluzioni per proteggerle in futuro.

Chi parte per un'esplorazione via terra per raccogliere esemplari di piante avrà bisogno di stivali robusti per tenere i piedi riparati e asciutti, e di uno zaino per trasportare l'equipaggiamento essenziale, come il cibo e un kit di primo soccorso.

KIT DELL'ESPLORATORE
STIVALI DI CUOIO E ZAINO IN TELA USATI DAL BOTANICO NICHOLAS POLUNIN (1909-1997)

The Natural History Museum

VIAGGIARE PER IL MONDO

Una Mappa Mundi, la 'carta del mondo', è appesa nel capanno di Newt nel film *Animali Fantastici e dove trovarli*. Durante le ricerche per il suo libro, Newt ha incontrato molte specie magiche nei suoi viaggi intorno al mondo, dai Billywig che ronzano in Australia ai Tuoni Alati che scatenano tempeste in Nord America.

MAPPA MUNDI

OGGETTO DI SCENA DAL FILM
ANIMALI FANTASTICI E DOVE TROVARLI, 2016

Warner Bros.

SUL CAMPO

La maggior parte degli esploratori non ha la fortuna di avere una valigia magica come quella di Newt Scamander, che è stregata con un Incantesimo Estensivo Irriconoscibile e permette a una moltitudine di creature di viverci dentro senza il minimo aumento di peso. Loro sono costretti a portarsi dietro tutto il necessario per vivere e lavorare in zone remote: abiti, utensili, buste e contenitori per i campioni, carburante e cibo.

KIT DELL'ESPLORATORE

Oggetti come quelli in foto erano essenziali per una spedizione. Gli esploratori usavano un semplice amo con una lenza per procurarsi la cena e aggiungere cibo fresco alle scorte. Molti esploratori artici all'inizio del ventesimo secolo portavano con sé il 'pemmican Bovril', un prodotto a base di manzo con elevato contenuto di grassi e proteine, che si conservava a lungo. E un kit di primo soccorso per affrontare eventuali incidenti è essenziale quando ci si trova nella natura selvaggia, lontano da qualsiasi aiuto.

KIT DELL'ESPLORATORE
INCLUDE KIT DI PRIMO SOCCORSO, LENZA DA PESCA E LATTINA DI PEMMICAN BOVRI
USATO DAL BOTANICO NICHOLAS POLUNIN (1909-1997)
The Natural History Museum

NEWT SCAMANDER

Newton Artemis Fido Scamander, conosciuto come 'Newt', è un Magizoologo, vale a dire una strega o un mago che studia gli animali magici. Come molti esploratori e naturalisti, ha viaggiato in tutto il mondo in cerca di animali fantastici da studiare e osservare. Ha raccolto le sue scoperte nel libro *Gli Animali Fantastici: dove trovarli*. Il precoce interesse di Newt fu incoraggiato da sua madre, allevatrice appassionata di Ippogrifi di razza. A Newt è stato conferito l'Ordine di Merlino, Seconda Classe, in ricompensa dei servizi resi allo studio delle bestie magiche.

Newt porta tutto ciò che gli serve per lo studio e la cura degli animali fantastici in una valigia di cuoio. Anche se sembra una valigia qualsiasi, in realtà è il portale che conduce allo spazio di lavoro magico di Newt, che include un capanno oltre agli habitat delle creature magiche. Newt può nascondere il contenuto della valigia ai non maghi azionando un piccolo interruttore che la rende 'babbanabile'.

NEWT SCAMANDER E LA SUA VALIGIA MAGICA
OGGETTO DI SCENA DAL FILM *ANIMALI FANTASTICI E DOVE TROVARLI*, 2016
Warner Bros.

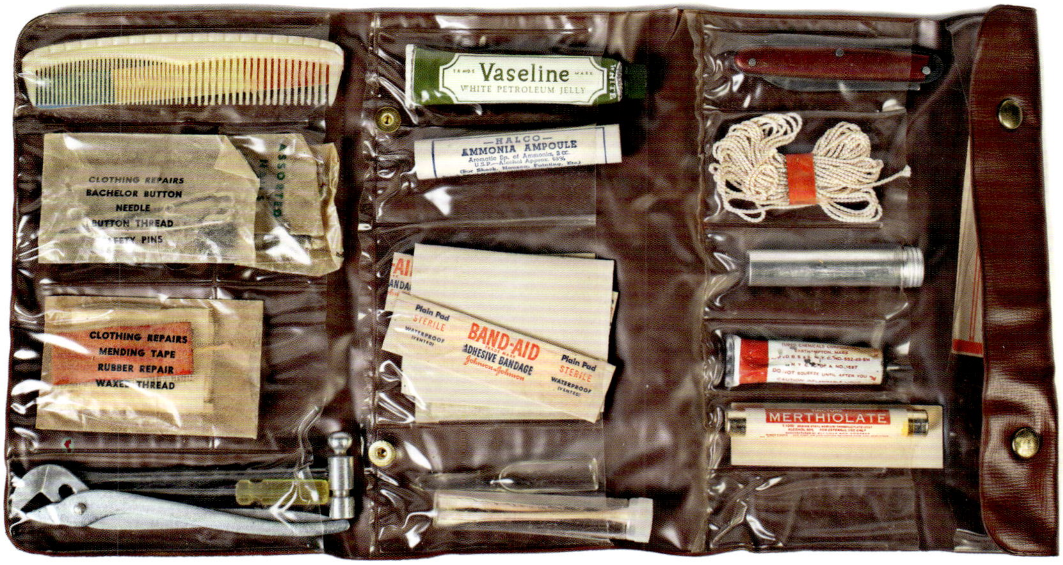

STRUMENTI PER LA RACCOLTA DEGLI INSETTI

L'equipaggiamento in foto era usato un tempo dagli esploratori per raccogliere e studiare gli insetti. Il kit comprende una pipetta di vetro per risucchiare gli insetti più piccoli, un barattolo di melassa per attirare le falene, spilli per esporre le specie conservate e una scatola di legno per l'allevamento e l'osservazione delle creature vive.

ATTREZZATURA PER LA RACCOLTA DEGLI INSETTI, 1800–1900 CIRCA

INCLUDE PIPETTA DI VETRO, BARATTOLO DI MELASSA, SPILLI PER INSETTI E GABBIA PER L'ALLEVAMENTO

DALLA COLLEZIONE DELL'ENTOMOLOGO MICHAEL CHALMERS-HUNT (1920–2004)

The Natural History Museum

LE NOTE DEGLI ESPLORATORI

Molto di ciò che sappiamo sulle esplorazioni del primo Novecento viene dai disegni dettagliati e dagli appunti presi dai naturalisti del tempo durante i loro viaggi. Questi intrepidi esploratori riempivano le pagine dei loro taccuini con osservazioni affascinanti sugli habitat e sui comportamenti delle creature e delle piante che trovavano, e realizzavano incredibili disegni con i colori e le texture del pelo, delle piume e della pelle, dei fiori e della vegetazione.

LUCY EVELYN CHEESMAN (1881–1969)

Mentre il Magizoologo Newt Scamander era sulle tracce degli animali fantastici, l'entomologa Lucy Evelyn Cheesman viaggiava per il mondo studiando e raccogliendo insetti. Durante una spedizione attraverso la foresta pluviale della Nuova Guinea, Cheesman disegnò questo schizzo a inchiostro. I naturalisti europei come Cheesman si affidavano spesso all'esperienza e al lavoro della gente del posto.

SCHIZZO DELLA SPEDIZIONE, INCHIOSTRO SU CARTA, 1930 CIRCA
LUCY EVELYN CHEESMAN
The Natural History Museum

GLI APPUNTI DI NEWT

Newt Scamander ha scritto su taccuini rilegati in pelle le sue osservazioni sugli animali fantastici incontrati durante i viaggi in Burkina Faso, Seychelles, Kiribati, Laos e Chuuk. Un quaderno con le pagine bianche, per disegnare e prendere appunti, è un elemento essenziale nel bagaglio di ogni esploratore.

I TACCUINI DI NEWT
OGGETTO DI SCENA DAL FILM *ANIMALI FANTASTICI E DOVE TROVARLI*, 2016
Warner Bros.

OLIVIA TONGE (1858–1949)

Questo taccuino di Olivia Tonge è pieno di disegni degli animali e delle piante incontrati durante i suoi viaggi in India e Pakistan. L'esploratrice corredava i suoi disegni di descrizioni e osservazioni appassionanti.

TACCUINO, ACQUERELLO SU CARTA, 1908–1913 (SOPRA E NELLA PAGINA SUCCESSIVA)

OLIVIA TONGE

The Natural History Museum

MARGARET FOUNTAINE (1862–1940)

Questo taccuino è pieno di disegni che descrivono nei dettagli gli stadi della vita delle farfalle osservate dall'avventurosa esploratrice Margaret Fountaine, una lepidotterologa, vale a dire una studiosa e collezionista di farfalle e falene. Durante la sua vita ha girato il mondo, raccogliendo più di ventiduemila farfalle, tenendo sempre un diario dei suoi viaggi e delle sue spedizioni.

DISEGNI DI LEPIDOTTERI, ACQUERELLO SU CARTA, 1931–1939

MARGARET FOUNTAINE

The Natural History Museum

and

The

Chameleon (Cameleo vulgaris)

which changes its Colour so wonderfully, and
arkings on its Skin from large Spots to Small,
road Stripes to Narrow, each Side independently.

IL DIARIO DI UNA NATURALISTA

Di Diva Amon

Biologa marina e attivista per gli oceani

Diva è ricercatrice del programma Marie Sklodowska Curie presso il Natural History Museum di Londra e co-fondatrice della ONG SpeSeas.

1° febbraio 2020

Abbiamo detto addio alla terraferma e abbiamo preso il mare a bordo della RRS *Discovery*. Andare per mare è la parte del mio lavoro che preferisco e non vedo l'ora di esplorare gli abissi dell'Oceano Pacifico con questa squadra di cinquanta persone nelle prossime quattro settimane. L'oceano è *talmente* vasto… Equivalente al novantacinque per cento dello spazio abitabile, è il più grande ecosistema del pianeta, ed è una grande emozione avere la fortuna di esplorarne anche solo una minuscola parte.

10 febbraio 2020

Abbiamo iniziato la nostra esplorazione solo da cinque giorni ma gli avvistamenti ci hanno già tolto il fiato: un animale simile a un'anemone con tentacoli lunghi due metri e mezzo che fluttuano sul fondale marino, cetrioli di mare viola lunghi trenta centimetri con vele che li aiutano a nuotare, meduse gialle e rosse… Alcune di queste specie non sono mai state viste prima da occhi umani. Ci sono ben poche professioni che ti permettono di essere tra le prime persone al mondo a vedere una specie, un habitat o un comportamento!

Meno dell'uno per cento degli abissi dell'oceano è stato visto da obiettivi o occhi umani, e in questa spedizione, nonostante quasi un mese di rilievi con l'ausilio di attrezzi quali reti a strascico, carotatori, telecamere e fototrappole, veicoli telecomandati (ROV) e sottomarini autonomi, abbiamo appena iniziato a scorgerne la vita che lo anima. A proposito, il ROV sta per immergersi e devo andare a controllarlo. A dopo!

11 febbraio 2020

Dopo dodici ore di esplorazione del fondale con il ROV sono esausta. Ora sta tornando in superficie con il suo carico di campioni di rocce e animali da osservare. Scattare foto dettagliate dei campioni, effettuare le misurazioni e i prelievi del DNA richiede molto tempo, ma dopo che questi animali saranno conservati in etanolo o formaldeide non avranno più lo stesso aspetto; quindi è molto importante catalogarli con la massima precisione possibile, prima di impacchettarli e spedirli al laboratorio del Natural History Museum di Londra, dove li studieremo in modo molto più approfondito.

18 febbraio 2020

La spedizione del ROV oggi è stata deprimente. Abbiamo visto ben sei rifiuti: due sacchetti e una bottiglia di plastica, una bottiglia di vetro, una latta di vernice e un pezzo di lenza. Mi è capitato in ogni spedizione. E questo è solo l'aspetto visibile dell'impatto umano: che dire dell'inquinamento chimico, delle microplastiche e del cambiamento climatico? Purtroppo, anche se non siamo mai stati laggiù, non c'è luogo del pianeta che possa sfuggire alla nostra presenza.

10 marzo 2020

La squadra, con tre casse piene di campioni, è tornata sana e salva al Deep-Sea Lab del Natural History Museum di Londra. Passeremo il prossimo anno a studiare la morfologia di ogni animale e a esaminarne il DNA. Questo ci permetterà di stabilire se si tratta di specie già note alla scienza oppure no. Se sono nuove dovremo descriverle e dare loro un nome. Se sono già conosciute cominceremo ad avere un quadro più preciso della parte dell'oceano in cui vivono.

Questa ricerca è il primo passo verso la comprensione di ciò che vive in una piccola parte dell'Oceano Pacifico e dell'ecologia di questi animali; per esempio, cosa mangiano, come si riproducono e qual è il loro ruolo negli abissi dell'oceano. Stiamo catalogando la vita su questo incredibile pianeta e queste conoscenze sono essenziali per capire come stanno cambiando i mari.

CAPITOLO QUATTRO

CREATURE NASCOSTE

'Forse il passo più importante nell'occultamento delle creature magiche è la creazione di ambienti sicuri'.

Newt Scamander

CREATURE NASCOSTE

Di Olivia Lomenech Gill

Stampatrice, illustratrice e artista

Olivia Lomenech Gill è l'artista visionaria che ha creato la meravigliosa edizione illustrata di Gli Animali Fantastici: dove trovarli*. Le sue opere fanno vivere un'infinità di creature, reali e immaginarie, grazie a una strabiliante varietà di tecniche.*

Quando mi hanno chiesto di illustrare *Gli Animali Fantastici: dove trovarli* di J.K. Rowling è stata una proposta straordinaria. Per gli artisti è sempre difficile, se non impossibile, descrivere i loro processi creativi, specialmente quando si lavora su commissione e bisogna adattarsi ed entrare nel mondo degli autori per mezzo delle loro parole. Ogni voce dell'elenco alfabetico di Newt Scamander è sintetica, addirittura scarna. Ricordo di aver pensato quasi subito (e con un certo sollievo, forse!) che in effetti quell'opera, data la sua natura di libro 'di testo', era indipendente dalle storie di Harry Potter e che gli animali che descriveva erano archetipi. Questa consapevolezza mi ha permesso di affrontarla come un dizionario, o meglio, un bestiario. Questa è stata la mia chiave di lettura.

E quindi, come avrei fatto vivere sulla pagina questi animali magici? Il progetto era particolarmente interessante per me, che sono un'artista molto letterale, vale a dire che lavoro osservando la realtà e prendendone spunto. È stato proprio il mio approccio letterale che mi ha suggerito come creare le illustrazioni per *Gli Animali Fantastici.*

Il mio punto di partenza è stato prenotare una visita alla sala di lettura del Natural History Museum per consultare gli originali di *Monstrorum Historia* di Ulisse Aldrovandi e di *Historia Animalium* di Conrad Gessner, due dei più famosi bestiari rinascimentali. Scritti nel sedicesimo secolo, questi enormi volumi sono straordinari da ogni punto di vista: la mancanza di discriminazione tra specie reali e immaginarie, la disposizione e l'orientamento delle illustrazioni... Con mia grande sorpresa la più famosa, il *Rhinoceros* di Dürer, è stata messa sottosopra per adattarla al layout della pagina!

Come stampatrice sono affascinata dai libri antichi, in particolare dalla bravura degli incisori responsabili delle illustrazioni. Mio marito è un restauratore di carta

e quindi trovo spesso libri antichi, mappe e simili nell'angolo del laboratorio dove tengo la mia stampatrice. Da artista perlopiù autodidatta uso una varietà di tecniche, spesso combinate fra loro. Per esempio la tecnica tradizionale dell'incisione, di solito su lastra di rame, che usa un acido o una soluzione alcalina per 'incidere' il disegno sulla lastra di metallo, richiede una combinazione di chimica e serendipità. Per le mie incisioni uso una macchina tipografica da tre tonnellate e forse per almeno un terzo delle illustrazioni di *Gli Animali Fantastici: dove trovarli* ho usato incisioni o puntasecca in misura variabile.

Ovviamente le meravigliose collezioni del Natural History Museum e di altri musei sono una grande fonte di ispirazione per tante persone e sono particolarmente importanti per gli artisti. Ogni volta che inizio un nuovo progetto mi sento sopraffatta da tutte le cose che non so, specie sul mondo naturale. Tramite l'osservazione attenta cerco di imparare a modo mio. Avere l'opportunità di studiare tanti animali veri è stato entusiasmante.

Fin dall'inizio ho capito che c'erano tre categorie di animali: alcuni erano classiche creature mitologiche, come la Chimera; altri, come l'Erumpent e i Chizpurfle, sono (deliziosamente) basati su veri animali fantastici, nel senso che ricordano specie realmente esistenti; altri ancora sono frutto esclusivo della fantasia di J.K. Rowling, come il Puffskein, il Fwooper e il Vermicolo.

Ho preso l'abitudine di fare delle ricerche su ognuno dei nomi, per capire se erano collegati a qualcosa di esistente. A volte ho avuto fortuna: quando ho cercato la Ramora, la custode magica dei naviganti, ho trovato la vera remora. Siamo abituati a vederla nei documentari legata a pesci più grandi in un rapporto simbiotico. Così ne ho disegnata una e poi, nello stile delle illustrazioni naturalistiche del diciottesimo e del diciannovesimo secolo, ho creato anche un paesaggio nella stessa pagina. È stata una buona occasione per esercitarmi con il tratteggio incrociato!

Dov'era possibile ho cercato animali veri a cui ispirarmi. Il Graphorn è in parte un enorme bradipo terricolo e in parte un triceratopo. Ho visitato la collezione Naturalis dell'Università di Leiden nei Paesi Bassi, oltre ai musei locali: il Great North Museum Hancock e la mostra di Gunther von Hagens *Animals Inside Out* al Life Science Centre di Newcastle. Studiare cadaveri può sembrare morboso, ma è così che gli artisti imparano l'anatomia fin dal Rinascimento e anche prima. Un'altra grande fonte di ispirazione è stato il Kielder Water Birds of Prey Centre nel Northumberland. Lì ho potuto disegnare dal vero un avvoltoio nero americano vivo per l'Augurey, un'aquila di mare di Steller per l'Ippogrifo e un'aquila di mare codabianca per il grifone. I rapaci si muovono di continuo, quindi poter stare così vicino a queste creature incredibili è stata un'esperienza straordinaria.

Per le illustrazioni dei draghi ho osservato le ali degli uccelli e dei pipistrelli e le possibilità aerodinamiche di un animale enorme capace di alzarsi in volo. I draghi sono spesso rappresentati con ali piccole, ma io ho voluto rendere il volo un po' più fattibile per i dieci draghi di *Gli Animali Fantastici*. Non so se ci sono riuscita, ma il Forteventre Ucraino, che ha avuto una pagina pieghevole, ha ali molto grandi. L'aggiunta di un paesaggio ha contribuito a dare ad alcuni animali un contesto e una scala. E naturalmente ho studiato anche le lucertole, seppure non ne abbia trovata nessuna con le ali…

Per la fenice, come mio figlio maggiore ha notato subito (con mia grande delusione), mi sono ispirata al rapace detto segretario, mangiatore di serpenti. L'ho scelto molto prima di sapere che Fawkes, la fenice che compare nella serie di Harry Potter, acceca il Basilisco, un serpente gigantesco. Non so se sono stata magicamente indotta a fare questo collegamento o se sia stata una coincidenza, ma è stato un momento illuminante. La piccola fenice rinata dalle sue ceneri è ispirata invece a un pulcino di barbagianni visto al Kielder. Come fa il barbagianni, in tutta la sua magnificenza e le sue ventimila piume, a spuntare da un uovo? E com'è possibile che un uccello tanto maestoso da piccolo abbia un aspetto così grottesco e vulnerabile? Sono queste le cose che trovo davvero fantastiche. Tutte queste osservazioni e riflessioni sono finite nelle illustrazioni del libro.

Gradualmente, una creatura dopo l'altra, la mia edizione illustrata ha visto la luce. Tutto quello che ho imparato, tutti gli animali che ho visto sono finiti nelle sue pagine. Naturalmente mi sarebbe piaciuto molto girare per il mondo, come Newt, per studiare queste creature nel loro habitat, ma volare non fa proprio per me. Mi sono limitata invece ai viaggi virtuali, per i quali internet è uno strumento molto utile. Ma la cosa più importante per me è stata mettere in discussione i concetti di esotismo e fantasy. 'L'uomo saggio si meraviglia dei luoghi comuni' pare che abbia detto Confucio, e tuttavia è una cosa che si dimentica facilmente in un'epoca in cui la gente sembra in continuo movimento, sommersa dalle informazioni. Se ci guardassimo intorno forse potremmo scoprire cose che non avevamo mai visto prima, e quella sì che è una forma di magia! Il rospo seduto sull'uovo del Basilisco l'ho trovato sotto il mio studio; il modello per il Chizpurfle, un granchio marrone, viene dal Mare del Nord; e ho scoperto un Dugbog nella palude in fondo alla strada di casa mia. Man mano che le specie si affacciavano, vive e pulsanti, sono stata sopraffatta dalla magia della vita selvaggia che ci circonda. La natura è una fonte inesauribile di fascino, in tutte le sue forme fantastiche.

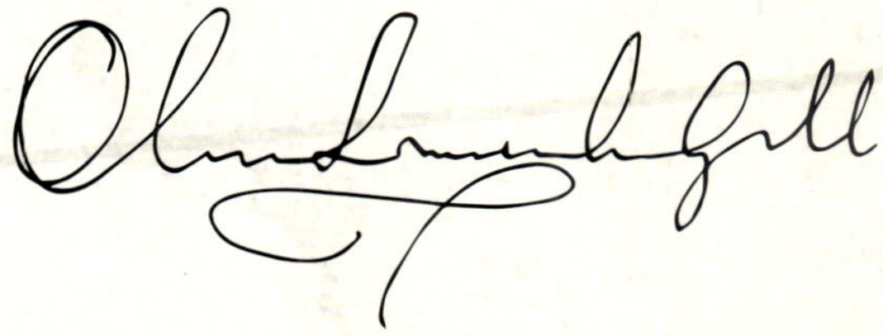

ADATTAMENTO ANIMALE

Come gli animali fantastici del mondo magico, che possono svanire a loro piacimento o nascondersi astutamente alla vista, molti animali del mondo reale si sono evoluti per adattarsi in modo molto specifico al loro ambiente. Queste specie sono capaci di usare i loro sensi acutissimi per individuare i pericoli, oppure i motivi e i colori della loro pelle per 'scomparire' sullo sfondo, riuscendo così a non farsi vedere dai predatori o ad avvicinarsi non visti alla preda.

L'adattamento all'ambiente, che si manifesti restando perfettamente nascosti o imitando lo sfondo con il mimetismo, può fare la differenza tra la vita e la morte. Contrariamente a quasi tutti gli animali, i cefalopodi come i polpi, i calamari e le seppie sono capaci di cambiare totalmente e in un istante il colore e la superficie della pelle o addirittura la forma del corpo per 'sparire' nel loro mondo acquatico. Più comunemente, l'evoluzione ha fornito a certi animali una pelle mimetica o dei colori che si confondono con l'ambiente. Le strisce e le chiazze sulla pelliccia dei grandi felini come il giaguaro e la tigre scompongono il contorno del loro corpo, che così si confonde con l'erba alta e le foglie in cui si muovono. Anche gli insetti possono essere maestri del travestimento: migliaia di specie si sono evolute fino ad assomigliare alle foglie, alla corteccia e ai rami su cui vivono. E creature schive come l'okapi o la lince canadese usano i loro sensi acuti per percepire una minaccia vicina e restare nascoste nelle foreste per procacciarsi il cibo. Alcune specie sono ancora più difficili da osservare. Il rospo scavatore messicano, per esempio, esce dalla sua tana sotterranea solo per riprodursi.

Purtroppo, le attività umane come la deforestazione stanno minacciando il delicato equilibrio ambientale di molte specie. Se la foresta in cui vivono viene distrutta, non avranno più dove nascondersi. Gli scienziati oggi usano tecnologie sofisticate e test del DNA per tracciare e monitorare le specie vulnerabili, in modo da poter proteggere il loro ambiente ed evitare che queste creature incredibili scompaiano per sempre.

La pelliccia del giaguaro (*Panthera onca*) è coperta di macchie scure tondeggianti, dette ocelli o rosette. Queste macchie spezzano il contorno del corpo del giaguaro, rendendo difficile vederlo nel suo ambiente, ovvero le foreste e le praterie del Centro e del Sud America. I ricercatori hanno scoperto che macchie come queste sono un prodotto dell'evoluzione dei grandi felini che cacciano nelle foreste o di notte.

"Per fortuna, alcune specie non richiedono molta assistenza magica per evitare di essere notate dai Babbani. Creature come il Tebo, il Demiguise e l'Asticello hanno i loro modi altamente efficaci di mimetizzarsi e non si è reso mai necessario alcun intervento del Ministero della Magia a loro favore."

Gli Animali Fantastici: dove trovarli

SPARIZIONI MAGICHE

È difficile rendersi completamente invisibili senza la magia, ma molti animali hanno sviluppato sistemi altrettanto sbalorditivi per 'scomparire' e sopravvivere. Dal colore cangiante dei camaleonti e delle seppie alla pelliccia dei giaguari, ai bradipi coperti di alghe, alle farfalle che si fingono foglie e agli insetti che sembrano bastoncini, queste creature straordinarie sono vere maestre del travestimento.

UNA MASCHERA DI ALGHE

Arrampicato sui rami, il bradipo si nasconde dai predatori come l'aquila arpia grazie ai suoi movimenti lenti e alla pelliccia marrone. Durante la stagione delle piogge, sul pelo umido del bradipo crescono minuscoli organismi vegetali (*Tricophilus* spp.). Alcuni scienziati ritengono che questo rivestimento di alghe verdi possa rendere il bradipo ancora più difficile da individuare sugli alberi delle foreste tropicali sudamericane in cui vive.

BRADIPO TRIDATTILO
Bradypus tridactylus
The Natural History Museum

Sulla pelliccia dei bradipi proliferano alcune specie di alghe verdi. I ricercatori ritengono che questi microrganismi vegetali possano passare dalla madre al piccolo.

“Il Demiguise si incontra in Estremo Oriente, anche se solo con gran difficoltà, perché è in grado di rendersi invisibile quando minacciato e può essere visto solo da maghi abili nel catturarlo.”

Gli Animali Fantastici: dove trovarli

DEMIGUISE

Nel mondo magico, il Demiguise è capace di rendersi invisibile se minacciato. Questa creatura è divenuta vulnerabile perché il suo lungo pelo argenteo e setoso può essere usato per tessere i Mantelli dell’Invisibilità; quindi la pelliccia del Demiguise ha un enorme valore.

Nel nostro mondo molti animali, come tigri e giaguari, vengono ancora cacciati e uccisi per la loro pelliccia. Gli ambientalisti sono in prima linea per fermare questo traffico brutale e inutile. Questi animali non possono rendersi completamente invisibili come il Demiguise. I motivi e i colori della loro pelliccia, che li aiutano a mimetizzarsi nella natura, sono purtroppo anche la ragione per cui vengono cacciati.

IL DEMIGUISE DOUGAL

DAL FILM *ANIMALI FANTASTICI E DOVE TROVARLI*, 2016

Warner Bros.

CAMBIA-COLORE

I camaleonti sono famosi per la loro capacità di cambiare colore. Tuttavia, se c'è bisogno di mimetizzarsi, i camaleonti fanno solo piccole modifiche al colore della loro pelle, generalmente verde o marrone. Le ricerche hanno dimostrato che le esplosioni di rosso, arancione e giallo viste in alcuni camaleonti servono ad attirare i partner o a spaventare i rivali, più che a nascondersi dai predatori.

CAMALEONTE COMUNE
Chamaeleo chamaeleon
The Natural History Museum

La pelle dei camaleonti contiene delle cellule chiamate iridofore. All'interno di queste cellule ci sono minuscoli cristalli che avvicinandosi o allontanandosi riflettono la luce e producono colori diversi.

INTROVABILI

Migliaia di specie di insetti si sono evolute per assumere la forma, il colore, perfino la superficie dei ramoscelli e delle foglie su cui vivono. Di giorno, gli insetti stecco e gli insetti foglia rimangono il più possibile fermi, per evitare di essere mangiati dagli uccelli. Alcuni dondolano addirittura avanti e indietro per imitare l'ondeggiamento dei rami e delle foglie.

INSETTO STECCO
Phasmida
The Natural History Museum

FOGLIA O FARFALLA?

Con le sue ali venate di marrone chiaro, questa farfalla ha un camuffamento notevole. Si è evoluta fino ad assomigliare a una foglia secca. Quando chiude le ali per celare i colori vivaci della faccia superiore, la farfalla foglia morta può nascondersi in bella vista nelle foreste dell'Asia orientale e meridionale, dove vive.

FARFALLA FOGLIA MORTA
Kallima inachus
The Natural History Museum

Maestro dei travestimenti, il polpo mimetico (*Thaumoctopus mimicus*) è stato scoperto nel 1998. Come molti altri cefalopodi, è in grado di cambiare texture e colore della pelle per mimetizzarsi con l'ambiente in presenza di una minaccia. Cosa insolita, è stato anche visto imitare il comportamento di altre creature più pericolose per spaventare i predatori.

La seppia (*Sepia officinalis*) può cambiare il colore e la consistenza della pelle per somigliare a un corallo ruvido o al fondale in meno di un secondo. Le seppie, come i polpi e i calamari, hanno un corpo molle che le rende vulnerabili. Molte specie hanno sviluppato la capacità di mimetizzarsi cambiando il proprio aspetto. Questo le aiuta durante la caccia e a sfuggire alle attenzioni dei predatori oceanici.

Questo animale simile a un gambero (*Cystisoma* sp.) detto anfipodo vive negli abissi dell'oceano, dove non è possibile nascondersi. A parte gli occhi e la tasca delle uova, il suo corpo è completamente trasparente, quasi invisibile. Di recente si è scoperto che il corpo è coperto di minuscole protuberanze che evitano che la luce si rifletta sulla superficie, rendendolo ancora più difficile da individuare.

CREATURE SFUGGENTI

Molti animali sono difficili da vedere nel loro ambiente naturale. Come il Mooncalf del mondo magico, alcuni si vedono in superficie solo in certi periodi dell'anno. Altri si affidano alla vista, all'udito e all'olfatto per riuscire ad avvicinarsi di soppiatto alla preda o a sfuggire ai predatori. Questi adattamenti li aiutano anche a evitare gli esseri umani. Per intravedere queste rare creature bisogna quindi sapere quando, dove e come cercarle.

"Poi ci sono quelle bestie che, grazie alla loro astuzia o all'innata riservatezza, evitano a tutti i costi i contatti con i Babbani: per esempio l'Unicorno, il Mooncalf e il Centauro."

Gli Animali Fantastici: dove trovarli

SEGNI PARTICOLARI

Nel 1900, l'esploratore britannico Harry Johnston partì con l'idea di cercare uno 'strano animale simile a un cavallo con segni particolari in bianco e nero' che si diceva vivesse nelle foreste dell'Africa centrale. Questo animale era ben noto alle popolazioni locali, che dissero a Johnston che il suo nome era 'o'api' o 'okapi'. Anche se non riuscì a vederlo, Johnston ottenne la cintura nella foto, che divenne la prima evidenza scientifica dell'esistenza dell'okapi.

CINTURA DI PELLE DI OKAPI
Okapia johnstoni
The Natural History Museum

AVVISTATO RARAMENTE

Questo animale schivo si è adattato per evitare i predatori, compresi leopardi e umani. Le strisce dell'okapi, simili a quelle della zebra, lo aiutano a mimetizzarsi nella fitta foresta ombrosa della Repubblica Democratica del Congo dove vive, mentre l'udito fine lo avverte di qualsiasi minaccia in arrivo. Gli okapi erano noti da tempo alle popolazioni locali, ma gli scienziati europei non hanno scoperto la loro esistenza fino all'inizio del ventesimo secolo. Osservarli in natura è ancora oggi molto difficile.

OKAPI
Okapia johnstoni
The Natural History Museum

I ricercatori sistemano fototrappole nella foresta per osservare gli okapi senza disturbarli. L'okapi è una specie in pericolo, minacciata dalla deforestazione, dal bracconaggio e da altre attività umane. Nessuno sa esattamente quanti esemplari ne rimangano, ma le informazioni raccolte dalle fototrappole aiutano a fare una stima della popolazione. I ricercatori possono addirittura identificare i singoli animali grazie alle strisce, che sono uniche per ogni esemplare.

MOONCALF

“Il Mooncalf è una creatura profondamente schiva che esce dalla sua tana solo quando c’è la luna piena. Il suo corpo è liscio, grigio chiaro, ha occhi rotondi sporgenti in cima alla testa e quattro zampe lunghe e ossute con enormi piedi piatti. I Mooncalf eseguono complicate danze sulle zampe posteriori in aree isolate sotto la luna piena. Si ritiene che si tratti di un preliminare dell’accoppiamento (e queste danze spesso lasciano intricati disegni geometrici nei campi di grano, con enorme sconcerto dei Babbani).

Osservare i Mooncalf che danzano alla luce della luna è un’esperienza affascinante e spesso vantaggiosa, perché se i loro escrementi d’argento vengono raccolti prima del sorgere del sole e cosparsi su erbe e aiuole magiche, le piante cresceranno molto in fretta e diventeranno estremamente robuste. I Mooncalf sono diffusi in tutto il mondo.”

Gli Animali Fantastici: dove trovarli

Come il magico Mooncalf, il misterioso rospo scavatore messicano (*Rhinophrynus dorsalis*) passa la maggior parte del tempo nascosto nella sua tana sottoterra. Gli studiosi sospettano che esca in superficie solo una volta l’anno per accoppiarsi, dopo i temporali. È possibile trovare questa creatura sfuggente solo seguendo il forte, lamentoso richiamo con cui attira la partner.

Riconoscibile dai tipici pennacchi sulle orecchie, la lince canadese (*Lynx canadensis*) si affida al suo udito e alla vista acutissima per trovare le lepri scarpa da neve (*Lepus americanus*), le sue prede principali. Ben adattate alle fredde foreste del Nord, queste cacciatrici discrete e solitarie incrociano di rado le persone. Le zampe larghe e morbide aiutano la lince a camminare sulla neve alta senza farsi sentire dal suo prossimo pasto.

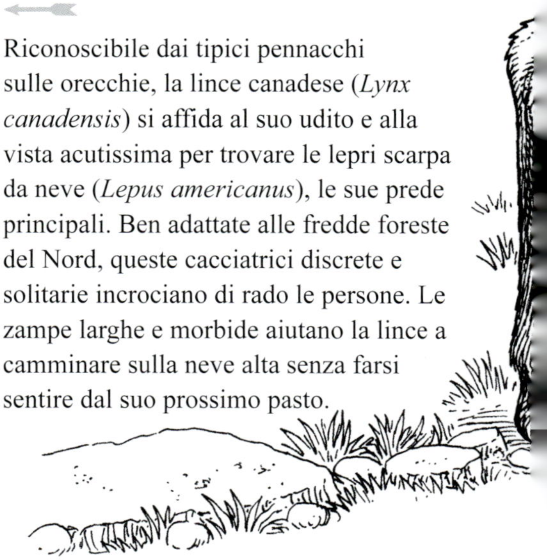

LUNASCOPIO

Il Lunascopio è un attrezzo magico che permette ai maghi di identificare le diverse fasi lunari. Newt Scamander porta con sé un Lunascopio a New York nel film *Animali Fantastici e dove trovarli*. Nel suo libro Newt descrive una creatura, lo sfuggente Mooncalf, visibile solo durante la luna piena.

LUNASCOPIO

OGGETTO DI SCENA DAL FILM *ANIMALI FANTASTICI E DOVE TROVARLI*, 2016

Warner Bros.

CAPITOLO CINQUE

COMPORTAMENTI BIZZARRI

'Ho visitato covi, tane e nidi di cinque continenti, ho osservato le curiose abitudini delle bestie magiche in un centinaio di paesi...'

Newt Scamander

COMPORTAMENTI BIZZARRI

Della dottoressa Helen Pilcher
Divulgatrice scientifica, presentatrice e comica

Helen Pilcher è una divulgatrice scientifica e autrice comica, bevitrice di tè e mangiucchiatrice di biscotti. È consulente scientifica di The Beano*, padrona di un lupo geneticamente modificato ed è la più grande fan al mondo del kākāpō. Nel suo ultimo libro,* Life Changing: How Humans are Altering Life on Earth*, figurano chihuahua, gnu dorati e capre-ragno.*

Ho una domanda per i Magizoologi in erba. Che cos'è che strilla come un criceto indemoniato, fa *ping* come un vecchio registratore di cassa e *bum* come la linea di basso di un pezzo di musica house? Vi serve qualche altro indizio? Ha le ali ma non sa volare. Puzza come una vecchia custodia di violino. I suoi occhietti sono circondati da favolosi cerchi di piume soffici e gialle, che lo fanno sembrare un Elton John con le penne. È una delle creature più curiose del pianeta e se Newt avesse la fortuna di vederne uno vorrebbe senz'altro metterlo nella sua valigia e prendersene cura per sempre.

Ancora non avete indovinato? Allora lasciate che vi presenti il kākāpō, uno degli animali più fantastici che conosca. A serio rischio di estinzione, questo corpulento pappagallo terrestre vive su una manciata di isole sparse al largo della Nuova Zelanda. Il suo comportamento è a dir poco bizzarro. Trent'anni fa, quando lo scrittore Douglas Adams visitò le isole, affermò che non solo gli uccelli del posto avevano dimenticato come si faceva a volare, ma avevano anche dimenticato di averlo dimenticato. Quando ha paura, l'ansioso kākāpō corre su un albero e poi si lancia al suolo con la grazia di un blocco di cemento. È anche l'unico pappagallo che usa il corteggiamento 'lek', vale a dire che i maschi competono fra loro cercando di cantare la canzone più sexy. Costruiscono speciali pedane chiamate 'ciotole', caracollano al centro del palco e poi tuonano tutta la notte, tutte le notti, per mesi. Chi vince si accoppia. È come *X Factor*, ma per gli uccelli.

Gli scienziati fanno di tutto per studiare e proteggere questa specie insolita, ma non è facile. Per cominciare, a oggi (2020) gli esemplari vivi di kākāpō sono solo duecentodieci, cosa che rende questo pappagallo più raro di un Golden Snidget.

Inoltre le loro piume verdi e screziate li aiutano a mimetizzarsi con il verde intenso della vegetazione delle isole. È per questo che, allo scopo di tracciare la specie, i naturalisti hanno dotato tutti i kākāpō adulti di zaini muniti di radiotrasmittenti. Questo accessorio chic sta intorno alle ali e ogni trasmittente manda un segnale unico. Armati di una speciale ricevente, gli scienziati possono monitorare e identificare in questo modo ogni singolo pappagallo. Non solo: le trasmittenti captano anche eventuali follie notturne. Questi dispositivi elettronici non solo rivelano quali uccelli si sono accoppiati, ma danno anche un punteggio a ogni incontro! Ma vi immaginate l'ansia da prestazione?

Zainetti come questi sono solo uno dei modi con cui gli scienziati monitorano il comportamento degli animali selvatici, ma l'approccio non è adatto a tutte le specie. Per esempio, non riuscirei a immaginare un animale fantastico come un Purvincolo che se ne sta fermo e buono mentre qualcuno gli infila uno zaino sui tentacoli. Pensate però a cosa avrebbe potuto fare Newt se avesse avuto accesso alla tecnologia ambientale del ventunesimo secolo.

Sul fondo degli oceani, per esempio, i veicoli telecomandati (ROV) gettano una luce sul comportamento bizzarro di un'altra creatura: il polpo *Graneledone boreopacifica*. I ricercatori sapevano già che i polpi possono essere madri devote, ma non avevano idea di quanto finché non hanno visto una femmina solitaria e spettrale aggrappata alla parete di un canyon sottomarino al largo delle coste della California. Quando i fari del ROV l'hanno illuminata, gli studiosi si sono resi conto che proteggeva un centinaio di uova. Così hanno mandato il ROV a controllarla a intervalli regolari. Ogni volta trovavano la madre nella stessa identica posizione, a covare le uova. Nei mesi e negli anni a seguire la femmina non ha mai mangiato né si è mossa, mentre i piccoli si sviluppavano all'interno delle uova. Poi, alla diciottesima visita del ROV, i ricercatori hanno scoperto che le uova erano vuote e la madre se n'era andata. Spesso le femmine di polpo muoiono esauste dopo la schiusa delle uova, ma questa aveva stabilito un nuovo record. Prima di morire aveva covato per ben quattro anni e mezzo, di gran lunga il periodo di cova più lungo mai registrato per qualsiasi specie animale. Aveva affrontato il sacrificio più estremo così che i piccoli potessero iniziare la vita nel modo migliore.

Sulla terra, le fototrappole sono una tecnologia largamente usata per studiare il comportamento degli animali selvatici. Lasciate in posizione per mesi, permettono di individuare specie rare e sfuggenti. Nel 2019 hanno confermato l'esistenza di un piccolo mammifero simile al cervo che vive nelle foreste del Vietnam: il chevrotain argentato. Era la prima volta che si vedeva in trent'anni. Forse la stessa tecnologia potrebbe aiutare Newt a vedere il Diricawl, un uccello estremamente schivo? Questa creatura magica ha la capacità di sparire quando si sente minacciata e poi di ricomparire in una zona completamente diversa. È un'idea interessante, no?

Le termocamere possono essere molto utili sul campo a un Magizoologo indaffarato: permettono infatti agli scienziati di studiare animali visibili come la tigre, al buio, e invisibili come il Demiguise in qualsiasi momento. Se Dougal il Demiguise passasse davanti a una termocamera, il calore del suo corpo lo tradirebbe immediatamente.

Anche i droni possono essere di grande aiuto. Equipaggiati con le macchine fotografiche più moderne possono rintracciare gli animali in qualsiasi habitat, compresi deserti, giungle e oceani. La tecnologia ormai è talmente avanzata che con l'aiuto dei droni a volte è possibile identificare esemplari specifici. Magari potrebbero aiutare Newt a trovare gli Erumpent, se ne avesse bisogno?

Se niente altro funzionasse, Newt potrebbe impiegare un altro metodo moderno. Durante la loro giornata gli animali spargono in giro escrementi, urina, uova, sperma, cellule epiteliali e peli. Queste sostanze biologiche contengono piccole quantità del loro DNA, che diventa parte dell'ambiente. Questo materiale genetico si chiama appunto DNA ambientale o, in breve, eDNA. Gli scienziati raccolgono quindi campioni di suolo, acqua, ghiaccio e perfino neve e poi analizzano il DNA depositato nei campioni. Confrontando i risultati con un database di sequenze note di DNA possono stabilire l'identità dell'animale. Nel 2019 l'eDNA raccolto da un remoto pozzo australiano è stato usato per rilevare la presenza di un uccello a rischio di estinzione, chiamato diamante di Gould. Gli studiosi non sono riusciti a osservare direttamente questo uccellino variopinto, ma hanno dedotto la sua presenza dal DNA che aveva lasciato in giro. Nel frattempo in Scozia la stessa tecnica è stata usata per analizzare le acque profonde e scure del Loch Ness in cerca di tracce del leggendario mostro. Finora non hanno trovato niente, ma farebbero bene a insistere. Secondo Newt, il mostro di Loch Ness non è altro che un Kelpie, un demone acquatico mutaforma. Magari c'è dell'eDNA ancora da scoprire?

Il mondo è pronto a stupirci con creature sempre più incredibili. La scienza è qui per aiutare chiunque voglia saperne di più sul loro straordinario comportamento.

Helen Pilcher

INTERAZIONI INCREDIBILI

Dai danzatori più straordinari della natura a quelli che riescono a cambiare di forma e dimensione, il nostro mondo ospita un'incredibile varietà di creature da scoprire e ammirare. Alcuni animali collaborano con compagni inaspettati per ottenere mutui benefici. Altri raccolgono materiale per costruire o proteggere le loro case, immagazzinare il cibo o far colpo su una potenziale compagna. Nel mondo magico accade la stessa cosa. Il minuscolo Asticello attaccherà per difendere l'albero in cui vive, e l'enorme Erumpent farà una danza di corteggiamento.

Prendiamo per esempio il rapporto tra questi due insoliti soci: l'alfeide, detto 'gambero-pistola' e il gobbio sentinella. Il gambero-pistola è bravissimo a scavare tane, ma la sua vista poco sviluppata non gli permette di riconoscere i pericoli. Per fortuna la sua bravura nel mantenere la casa attira un compagno volenteroso. Il gobbio sentinella si gode la sicurezza della tana del gambero e si accorge dei pericoli quando i due si avventurano all'aperto.

Comportamenti affascinanti come questo si trovano in tutto il mondo. Nelle foreste del Sud-Est della Cina, la femmina della vespa ossaria (*Deuteragenia ossarium*) raccoglie formiche morte che usa per mimetizzare il suo nido. In Australia, il ragno pavone maschio esegue una danza complessa per attirare la femmina, saltando e sollevando le zampe per mostrare i colori accesi e metallici dell'addome. E ci sono altre creature incredibili che cambiano forma per difendersi, come il pesce porcospino, che si gonfia per sembrare più minaccioso.

Osservando questi comportamenti, gli scienziati comprendono sempre meglio la collaborazione fra specie diverse per garantire la reciproca sopravvivenza, il senso delle danze di corteggiamento, o i meccanismi di difesa messi in atto dai loro stessi corpi.

> *“Propongo quest'opera come una semplice introduzione alla ricchezza degli animali fantastici che popolano il nostro mondo.”*

Gli Animali Fantastici: dove trovarli

TRASFORMISTI

Il pesce porcospino gonfia il suo corpo pompando acqua nello stomaco, tendendo la pelle e drizzando gli aculei per diventare molto meno appetitoso per i predatori.

PESCE PORCOSPINO (GONFIO E A RIPOSO)
Diodon hystrix
The Natural History Museum

Il gambero-pistola tiene un'antenna sul suo compagno gobbio sentinella. Se il pesce percepisce una minaccia e torna subito nella tana del gambero, questi sa che deve seguirlo all'istante per salvarsi.

NIDO PUZZOLENTE

Come si può intuire dal nome, la vespa ossaria è una collezionista macabra. La femmina raccoglie formiche morte per sigillare l'apertura del nido. Gli studiosi ritengono che i cadaveri diano al nido l'odore di una colonia di formiche, scoraggiando i predatori.

VESPA OSSARIA
Deuteragenia ossarium
The Natural History Museum

COLLABORARE PER LA SICUREZZA

Gli Asticelli del mondo magico proteggono gli alberi su cui vivono e in cambio ottengono una casa sicura. Come loro, molti animali e piante stabiliscono relazioni in cui entrambi hanno dei vantaggi: questo comportamento si chiama 'mutualismo'. A volte un animale offre protezione in cambio di cibo o riparo. Animali e piante che si sono evolute per collaborare in questo modo evitano i predatori grazie ai loro insoliti compagni.

LA CASA PORTATILE DI PICKETT

Newt si prende cura di molti Asticelli, uno dei quali, di nome Pickett, viaggia spesso nella tasca della sua giacca. Newt tiene la talea di un albero sulla sua scrivania, in modo che Pickett abbia un posto dove riposare mentre lui lavora.

TALEA DI ALBERO DI ASTICELLI

OGGETTO DI SCENA DAL FILM *ANIMALI FANTASTICI: I CRIMINI DI GRINDELWALD*, 2018

Warner Bros.

Le acacie 'spina fischiante' (*Vachellia drepanolobium*) si proteggono con centinaia di spine acuminate. La base delle spine offre anche una casa a delle particolari formiche, le *Crematogaster mimosae*. Queste difendono con determinazione la pianta da chiunque tenti di mangiarne le foglie. Gli scienziati hanno scoperto che il morso e il veleno delle formiche riesce a tenere lontani perfino giraffe ed elefanti. I cuccioli di giraffa sono particolarmente sensibili all'attacco delle formiche, mentre i soggetti adulti soffrono meno.

Molti grandi erbivori africani, come elefanti e giraffe, corrono il rischio di estinguersi e il loro numero declina rapidamente. Questo potrebbe avere un effetto inaspettato sull'ecosistema di cui fanno parte. Gli studi hanno dimostrato che se non ci sono erbivori a nutrirsi dell'acacia spina fischiante, l'albero smette di produrre le spine alla cui base abitano le sue guardiane, le formiche. Quando questo rapporto si interrompe, le formiche vengono spesso rimpiazzate da altre specie che possono invece danneggiare l'albero, provocandone più facilmente la morte o rallentandone la crescita.

ASTICELLO

"L'Asticello è una creatura custode degli alberi che si trova soprattutto nell'Ovest dell'Inghilterra, nella Germania del Sud e in alcune foreste della Scandinavia. È immensamente difficile da riconoscere, essendo piccolo (l'altezza massima è di venti centimetri) e apparentemente fatto di corteccia e legnetti, con due piccoli occhi marroni.

L'Asticello, che si nutre di insetti, è una creatura pacifica e profondamente timida, ma se l'albero nel quale vive è minacciato è noto che balza sul taglialegna o sul fitochirurgo che cerca di danneggiare la sua casa e tenta di cavargli gli occhi con le lunghe dita puntute. Un'offerta di porcellini di terra placherà l'Asticello abbastanza a lungo da consentire al mago o alla strega di rimuovere un po' di legno da bacchetta dal suo albero."

Gli Animali Fantastici: dove trovarli

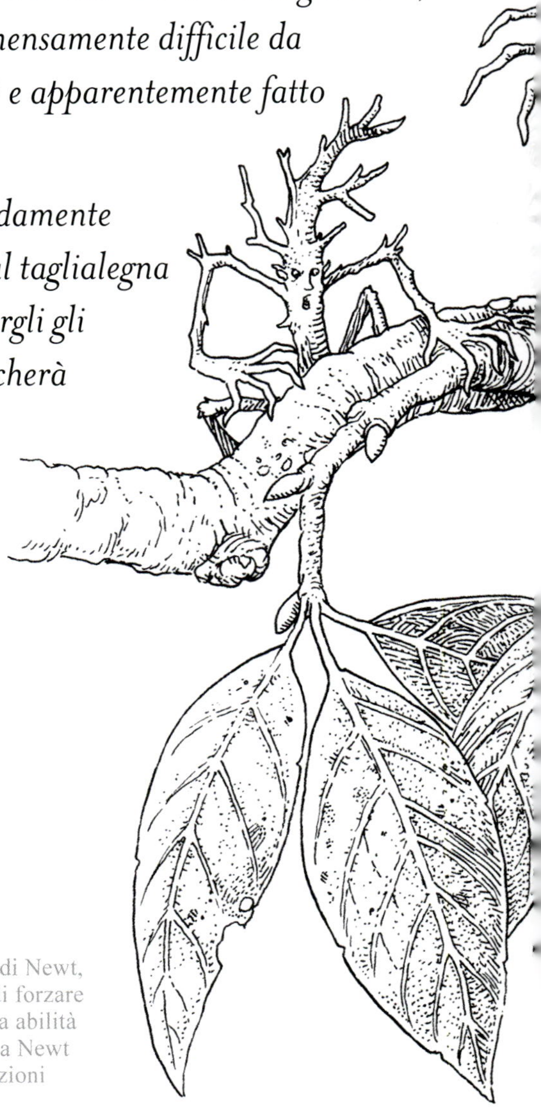

La bufaga dal becco rosso (*Buphagus erythrorhychus*) si nutre dei parassiti dei grandi erbivori, come i rinoceronti. Mentre l'uccello si gode un lauto pasto, il suo ospite si libera delle zecche succhiasangue. La bufaga funziona anche da segnale di allarme. Se vede un predatore in avvicinamento, vola via emettendo un richiamo acuto, al quale il rinoceronte e altri animali hanno imparato a reagire. Purtroppo i richiami di allarme della bufaga non possono proteggere il suo ospite dai cacciatori di frodo. Tra il 1970 e il 1992, la popolazione del rinoceronte nero (*Diceros bicornis*) è calata del novantasei per cento, soprattutto a causa del commercio illegale del suo corno.

L'amico Asticello di Newt, Pickett, è capace di forzare le serrature. Questa abilità risulta molto utile a Newt per uscire da situazioni pericolose.

Alcune piccole specie di rana, come la *Chiasmocleis ventrimaculata*, abitano nelle tane delle tarantole. Nessuno sa esattamente perché vivano insieme, ma alcune rane hanno sulla pelle sostanze tossiche che fanno passare alle tarantole la voglia di mangiarle. Il vantaggio per le tarantole potrebbe essere il fatto che le rane si cibano di insetti che altrimenti si nutrirebbero delle loro uova; in cambio, la rana ottiene la protezione di un'amica grossa e pelosa.

COLLEZIONISTI CURIOSI

Come il morbido Snaso del mondo magico, molti animali collezionano oggetti per le ragioni più disparate. Alcuni raccolgono materiale per il nido o la tana, o per immagazzinare cibo per il futuro. Altri creano esposizioni di oggetti colorati per fare colpo su una potenziale partner.

> *"Gli Snasi vengono spesso allevati dai Goblin pe scavare nel profondo della terra in cerca di tesori."*
>
> *Gli Animali Fantastici: dove trovarli*

UNO SCRIGNO DI TESORI

Nello scrigno di questo uccello ci sono piume, fiori, conchiglie e perfino bottoni e tappi di bottiglia. Per attirare una compagna, il maschio dell'uccello giardiniere satinato (in alto nella foto) raccoglie oggetti colorati per decorare il suo riparo, una struttura simile a un pergolato fatto di ramoscelli. Quando compare una femmina, il maschio esegue una danza tenendo nel becco l'oggetto preferito.

MASCHIO E FEMMINA DI UCCELLO GIARDINIERE SATINATO
Ptilonorhynchus violaceus
The Natural History Museum

OGGETTI LUCCICANTI

Gli Snasi sono attratti dalle cose che luccicano. Non resistono alla tentazione di collezionarle, anche se non è chiaro perché ne sentano il bisogno. Nel film *Animali Fantastici: i crimini di Grindelwald*, gli Snasi di Newt dormono in cesti pieni dei loro tesori luccicanti.

I GIOIELLI DELLO SNASO
OGGETTO DI SCENA DAL FILM *ANIMALI FANTASTICI: I CRIMINI DI GRINDELWALD*, 2018
Warner Bros.

Gli oggetti blu sono particolarmente popolari fra gli uccelli giardinieri satinati. Visto che il blu è un colore raro in natura, questo ci suggerisce che i maschi in grado di trovare molti oggetti blu siano percepiti come compagni abili e promettenti.

SCORTE DI CIBO

Molte specie di pica passano i mesi caldi ad accumulare fiori, erba e muschio, assicurandosi una scorta di cibo per i periodi in cui ce n'è di meno o la neve impedisce di raccoglierlo.

PICA DI ROYLE
Ochotona roylei
The Natural History Museum

Il cibo preferito dal pica di Royle cresce soprattutto in presenza di forti piogge e basse temperature. Il cambiamento climatico può ridurre la presenza di queste piante, rendendo più difficile la sopravvivenza del pica.

LO SNASO

"*Lo Snaso è una bestia inglese. Soffice, nera e dotata di un lungo muso, questa creatura sotterranea ha una predilezione per tutte le cose luccicanti. Gli Snasi vengono spesso allevati dai Goblin per scavare nel profondo della terra in cerca di tesori. Benché lo Snaso sia gentile e anche affettuoso, può rivelarsi devastante nei confronti delle proprietà di un mago e non dovrebbe mai essere tenuto in casa. Gli Snasi vivono in tane fino a sei metri di profondità e danno alla luce da sei a otto piccoli per cucciolata.*"

Gli Animali Fantastici: dove trovarli

CESTO E GUANTO

Vi è sfuggito uno Snaso? Bunty, l'assistente di Newt, fa dondolare da un guanto un oggetto luccicante per attirare lo Snasetto nel suo palmo. Poi lo riporta al sicuro, nel suo cesto pieno di tesori.

CESTO E GUANTO

OGGETTI DI SCENA DAL FILM *ANIMALI FANTASTICI: I CRIMINI DI GRINDELWALD*, 2018

Warner Bros.

I pinguini di Adelia (*Pygoscelis adeliae*) allevano i pulcini nelle zone costiere dell'Antartide e sulle isole circostanti. I sassolini sono oggetti molto ricercati dai pinguini di Adelia, come le cose che luccicano per lo Snaso. I pinguini costruiscono i nidi creando pile di sassolini, che raccolgono nel maggior numero possibile. Alcuni li rubano sfacciatamente ai vicini, anche a rischio di prendersi una beccata o un colpo di pinna.

Proprio come gli Snasi, le gazze (*Pica pica*) sono notoriamente appassionate di oggetti luccicanti: nei racconti popolari europei sono spesso rappresentate come ladre, ma uno studio recente sembra averle assolte. Davanti a due mucchi di oggetti, luccicanti e non, le gazze hanno dimostrato scarso interesse, reagendo anzi con paura davanti a cose nuove e sconosciute.

BALLERINI NATI

Il corteggiamento animale è un mondo di colori, suoni e movimenti. Piume e motivi colorati sono spesso associati a vivaci passi di danza. Coreografie complesse e faticose aiutano a dimostrare l'intelligenza e la forma fisica del corteggiatore. Newt Scamander fa buon uso di queste conoscenze quando danza per attirare una femmina di Erumpent in fuga a New York.

Saltellando nelle foreste della natia Papua Nuova Guinea centrale, il maschio della paradisea di Lawes, o uccello del paradiso, esegue audaci passi di danza per attirare una compagna. La foresta in cui vive è sempre più minacciata dalla deforestazione per scopi agricoli, per esempio per coltivare palme da olio.

UN TUTÙ DI PIUME

Aprendo le sue piume a ventaglio, il maschio di paradisea dalle sei penne di Lawes esegue una danza complessa per attirare potenziali compagne. Le femmine guardano da un ramo più in alto. Osservando la danza del maschio dal punto di vista della femmina, gli scienziati hanno scoperto che le piume argentee dietro la testa del maschio riflettono la luce come uno specchio, enfatizzando i movimenti durante il rituale di corteggiamento.

FEMMINA E MASCHIO DI PARADISEA DI LAWES (UCCELLO DEL PARADISO)
Parotia lawesii
The Natural History Museum

L'ERUMPENT

"L'Erumpent è una grossa bestia grigia africana di grande potenza. Pesa fino a una tonnellata e da lontano può essere scambiato per un rinoceronte. Ha una pelle spessa che respinge quasi tutti gli incantesimi e le maledizioni, un grosso corno affilato sul naso e una lunga coda simile a una fune. Gli Erumpent mettono al mondo un solo cucciolo alla volta.

L'Erumpent non attacca se non provocato, ma se carica, le conseguenze di solito sono catastrofiche. Il corno dell'Erumpent può perforare qualunque materiale, dalla pelle ai metalli, e contiene un fluido mortale che provoca l'esplosione di qualunque cosa da esso venga trafitta.

Non esistono molti Erumpent, poiché i maschi spesso si fanno esplodere a vicenda durante la stagione degli amori. Vengono trattati con enorme cautela dai maghi africani. Il corno, la coda e il Fluido Esplosivo dell'Erumpent vengono tutti usati nella preparazione di pozioni, anche se sono classificati come Materiali Commerciabili di Classe B (Pericolosi e Soggetti a Severi Controlli)."

Gli Animali Fantastici: dove trovarli

MUSCHIO DI ERUMPENT

Maneggiare con cura: il muschio di Erumpent è un aroma potente! Newt ne usa qualche goccia per attirare l'attenzione di una femmina di Erumpent scappata nello zoo di Central Park a New York. Poi esegue una danza di corteggiamento per riportare l'Erumpent nella sua valigia magica.

MUSCHIO DI ERUMPENT

OGGETTO DI SCENA DAL FILM *ANIMALI FANTASTICI E DOVE TROVARLI*, 2016

Warner Bros.

Come il maschio di Erumpent, il ragno pavone maschio (*Maratus pavonis*), che vive nell'Australia occidentale e meridionale, esegue un'elaborata danza di corteggiamento. Questo piccolo ragno cerca di far colpo sulle femmine sollevando e agitando il suo coloratissimo addome e muovendo le lunghe zampe pelose in una spettacolare esibizione fatta di colori brillanti e movimenti coreografici. La sua danza delicata è una questione di vita o di morte: se la femmina non rimane colpita, potrebbe mangiarselo!

MUTAFORMA

Nessun animale può cambiare le sue dimensioni come l'Occamy del mondo magico, ma anche la natura ha la sua quota di mutaforma. Cambiare dimensioni e forma può essere una tattica di sopravvivenza molto utile. Alcuni animali si rimpiccioliscono in condizioni avverse o per infilarsi in luoghi stretti. Altri si gonfiano per sembrare più minacciosi o meno appetibili per i predatori.

ACCHIAPPA-OCCAMY

Gli Occamy possono cambiare drasticamente le loro dimensioni per entrare ovunque. Newt si serve di una teiera per riprendere un Occamy fuggito a New York. Ci mette dentro uno scarafaggio come esca e l'Occamy è tentato di rimpicciolirsi per entrare nella teiera e gustarsi il premio.

TEIERA E COPERCHIO DELL'OCCAMY
OGGETTO DI SCENA DAL FILM *ANIMALI FANTASTICI E DOVE TROVARLI*, 2016
Warner Bros.

RESTRINGI ED ESPANDI

Questa iguana marina si nutre solo di alghe e piante marine che si trovano sulle coste rocciose delle Isole Galápagos. Quando il cibo scarseggia, le iguane marine delle Galápagos riducono le loro dimensioni di sette centimetri, circa il venti per cento della lunghezza totale. In questo modo hanno bisogno di meno cibo per sopravvivere. Come il magico Occamy, questi rettili possono anche espandersi, tornando alla lunghezza originale quando c'è più disponibilità di cibo.

IGUANA MARINA DELLE GALÁPAGOS
Amblyrhynchus cristatus
The Natural History Museum

CRANIO RISTRETTO

Il cranio del toporagno si restringe di circa il quindici per cento tra l'estate e l'inverno. Gli scienziati credono che ciò avvenga perché il tessuto osseo viene riassorbito dalle giunture fra le ossa del cranio. Il toporagno può restringere anche la colonna vertebrale, il cervello, il cuore e i polmoni. Si ritiene che in questo modo abbia bisogno di meno cibo e possa sopravvivere meglio ai mesi invernali.

TOPORAGNO E SCHELETRO DI TOPORAGNO COMUNE
Sorex araneus
The Natural History Museum

“Creatura bipede piumata con il corpo di serpente, l’Occamy può raggiungere i quattro metri e mezzo di lunghezza.”

Gli Animali Fantastici: dove trovarli

ILLUSTRAZIONE DI UN OCCAMY (INCISIONE E ACQUERELLO)

OLIVIA LOMENECH GILL

Bloomsbury

CAPITOLO SEI

ANIMALI INCOMPRESI

'Una comprensione imperfetta è spesso più pericolosa dell'ignoranza'.

Newt Scamander

ANIMALI INCOMPRESI

Di Gillian Burke

Biologa e produttrice televisiva

Gillian Burke è la co-conduttrice delle serie di documentari della BBC Springwatch, Autumnwatch *e* Winterwatch. *Difende con passione gli emarginati del regno animale, come dimostrano i suoi documentari* Ultimate Guide to Spiders & Ants *per Discovery Channel e* King Cobra! *e* Anaconda! *per Animal Planet.*

C'era una volta uno spazio perfettamente a misura di bambina, in mezzo a un groviglio di fiori rossi, sotto un albero di ibisco. Da piccola stavo lì per delle ore a guardare i nettarinidi variopinti che svolazzavano avanti e indietro. Quelle piccole creature fluttuavano magicamente, levitando all'altezza dei miei occhi e succhiando minuscoli sorsi di nettare finché non erano sazie.

Quando gli uccelli, con i loro colori vivaci e le loro acrobazie mirabolanti, se ne andavano, restavo sola con le creature striscianti e viscide ai miei piedi… letteralmente. Ho trascorso l'infanzia in Kenya e odiavo mettere le scarpe! Malgrado i cupi ammonimenti degli adulti sui pericoli dei *jigger*, insetti parassiti che hanno la sgradevole abitudine di fare la tana nei piedi umani, io gironzolavo scalza senza alcuna preoccupazione al mondo.

Pensavo tra me: 'È perché io non do fastidio a loro e loro non ne danno a me!' Se ci ripenso ora, da adulta, mi sembra una cosa sconsiderata, ma era così che davo un senso a quella che invece doveva essere solo fortuna sul fronte degli insetti mangiatori di carne umana.

Immagino che Newt Scamander condividerebbe con me l'idea di abbracciare tutti gli animali fantastici del mondo magico. In che altro modo avrebbe potuto guadagnarsi la fiducia di queste specie e imparare così tante cose su di loro, se non osservandole a loro agio nel loro ambiente naturale? Di tanto in tanto avrà dovuto affidarsi al suo bollitore da viaggio per difendersi se un esemplare diventava un po' troppo ostile; ma anche in quel caso, da Magizoologo esperto qual era, si premurava di mostrare a una spaventosa Acromantula o all'ultimo Vermicolo lo stesso rispetto dovuto al maestoso Ippogrifo o la stessa tenerezza riservata al coccoloso Puffskein.

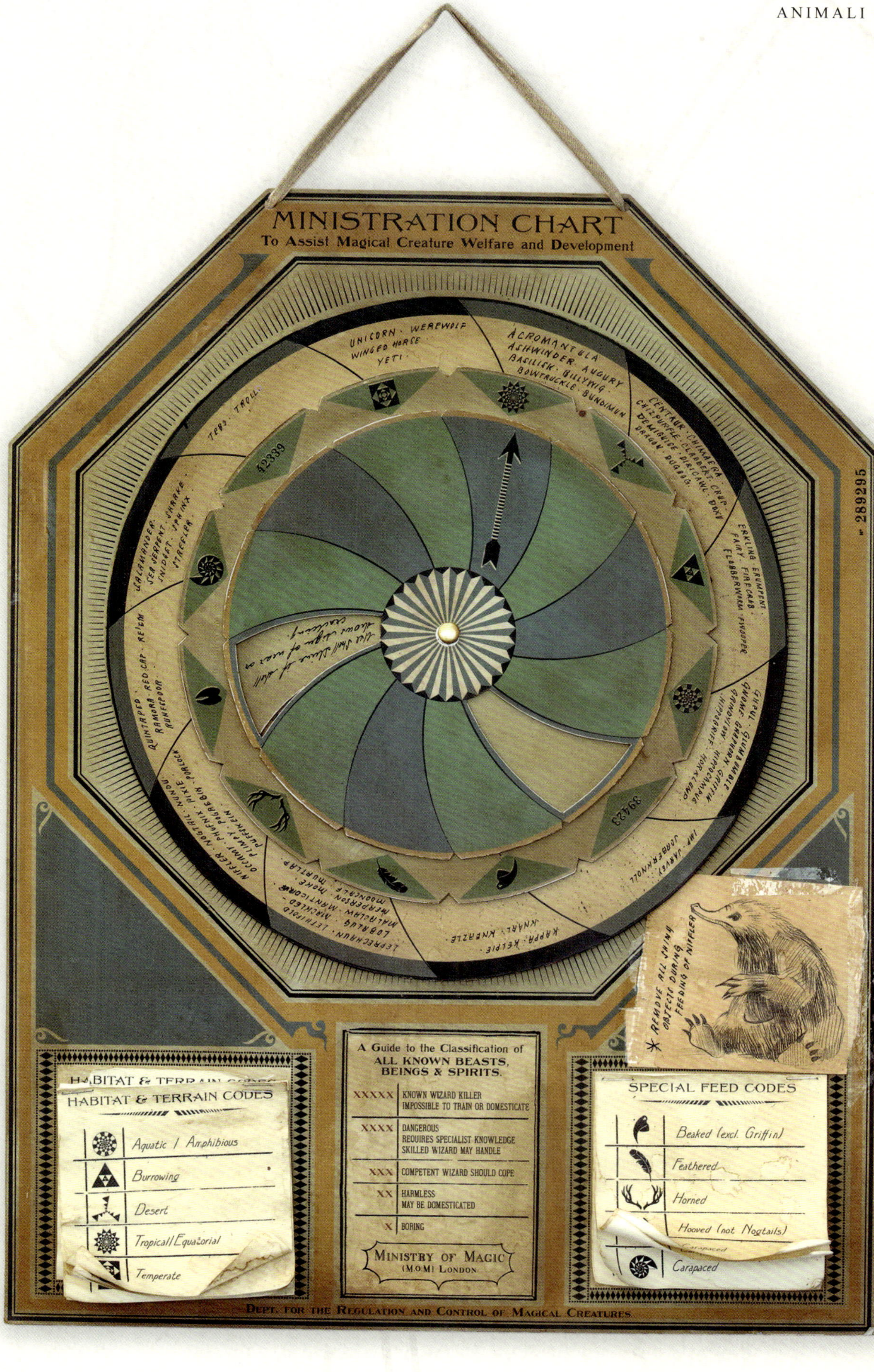
MINISTRATION CHART
To Assist Magical Creature Welfare and Development
289295
A Guide to the Classification of ALL KNOWN BEASTS, BEINGS & SPIRITS.
XXXXX KNOWN WIZARD KILLER IMPOSSIBLE TO TRAIN OR DOMESTICATE
XXXX DANGEROUS REQUIRES SPECIALIST KNOWLEDGE SKILLED WIZARD MAY HANDLE
XXX COMPETENT WIZARD SHOULD COPE
XX HARMLESS MAY BE DOMESTICATED
X BORING
MINISTRY OF MAGIC (M.O.M) LONDON
HABITAT & TERRAIN CODES
Aquatic / Amphibious
Burrowing
Desert
Tropical/Equatorial
Temperate
SPECIAL FEED CODES
Beaked (excl. Griffin)
Feathered
Horned
Hooved (not Nogtails)
Carapaced
REMOVE ALL SHINY OBJECTS DURING FEEDING OF NIFFLER
DEPT. FOR THE REGULATION AND CONTROL OF MAGICAL CREATURES

Il fatto è che, proprio come Newt Scamander poteva contare su un Asticello o un Billywig, io sapevo che ci sarebbero sempre state minuscole creature a farmi compagnia. O forse era il contrario? Spesso mi chinavo per osservare le termiti, con la testa pericolosamente vicina al terreno. Guardavo le operaie che lavoravano e modellavano con la bocca il fango per le gallerie, mentre le enormi termiti soldato stavano a guardia della colonia, e sapevo che loro sapevano che ero lì. Potevano sentire il mio respiro quando mi avvicinavo, e le termiti soldato agitavano le enormi teste e le mascelle sovradimensionate con aria di sfida. Mi facevano capire con molta chiarezza quando mi avvicinavo troppo, ma finché mantenevo una distanza rispettosa tolleravano la mia presenza e andavano avanti nel loro lavoro quotidiano di costruzione, protezione e nutrimento della colonia.

Guardare le termiti nella loro routine quotidiana fu per me il primo indizio del fatto che forse al vertice della natura non c'erano gli umani. Ma ancora di più, era l'incredibile varietà di forme, dimensioni e specializzazioni delle diverse caste in una singola colonia di termiti a lasciarmi sbalordita davanti all'incredibile biodiversità che mi circondava.

Tutte le vite sono uguali, ma non è così che noi umani le trattiamo. Perché i leoni sono paragonati a dei re solo a causa delle loro splendide criniere, mentre le iene, con le loro pellicce ispide e l'andatura zoppicante, finiscono sempre per fare la parte delle cattive? Osservare il grande e il piccolo, il bello e il grottesco, i predatori e le prede senza giudicare gli uni migliori degli altri è la lezione più preziosa per qualsiasi naturalista o Magizoologo in erba.

Ho potuto mettere in pratica questo principio anni dopo, lavorando come ricercatrice al Natural History Museum. Le mie giornate cominciavano con una versione personale del binario nove e tre quarti: entravo da un portale, vale a dire da un ingresso riservato che mi consentiva di sparire discretamente dalla sezione riservata ai visitatori, e salivo su per una scala a chiocciola che mi portava nei meandri del museo.

Arrivata a destinazione nel dipartimento di entomologia, mi accoglieva un forte odore di naftalina accompagnato dallo spettacolo di file e file di cassetti di legno coperti da quella patina data dal tempo e dall'uso intensivo. Quei cassetti contenevano esemplari di insetti provenienti da ogni angolo della terra: un archivio prezioso dell'enorme varietà all'interno di una sola classe del regno animale.

Io avevo il compito di esaminare una minuscola porzione di quell'enorme raccolta. Ogni esemplare mi trasportava verso terre lontane e mondi microscopici dove la mia mente era libera di vagare e ricostruire, come una detective, le forze che avevano contribuito a creare quella sbalorditiva varietà. La mia piccola mente evoluzionista metteva a fuoco una miriade di linee continue e ininterrotte, che collegavano tutti gli esseri viventi fino alle prime forme di vita; e contemporaneamente si proiettavano in un futuro di possibilità infinite. Era uno spettacolo che toglieva il fiato.

Per la prima volta percepivo, ben oltre la comprensione della mia mente logica, il vero valore e la bellezza di ogni essere vivente. Ogni specie è testimonianza dell'inesauribile risposta della vita all'eterna sfida della sopravvivenza. Ogni specie è testimonianza di ciò che è esistito prima e del potenziale delle specie che verranno.

Sarebbe saggio da parte nostra trovare umilmente e rapidamente il nostro posto in questa rete meravigliosamente complessa. Abbiamo una posizione unica dalla quale prenderci cura e proteggere tutti gli animali: grandi, piccoli, carini, più o meno strani. Come ha detto lo stesso Newt: 'Non ci sono creature strane, solo persone miopi'.

SPECIE STIGMATIZZATE

Dai lupi ululanti ai pipistrelli vampiro, dai ragni pelosi agli squali silenziosi con le bocche piene di denti affilati come rasoi, molti animali suscitano paura e incomprensioni.

Nel mondo magico di Newt Scamander, superstizioni e credenze hanno un impatto sul trattamento riservato agli animali fantastici. Nel nostro mondo accade lo stesso: animali considerati malvagi o portatori di sventura, o rischiosi per gli esseri umani, sono stati perseguitati e in alcuni casi ridotti drasticamente nel numero.

I lupi grigi, spesso associati al 'lupo cattivo' dei racconti popolari occidentali oppure allo spaventoso licantropo del mito, sono stati cacciati fin quasi all'estinzione in molti dei loro habitat originali. Eppure è estremamente improbabile che un lupo attacchi un essere umano.

I pipistrelli, come il pipistrello vampiro e la volpe volante, sono considerati in certe culture come spiriti maligni o anime dei morti, oppure vengono collegati a Dracula, il leggendario mostro succhiasangue. In realtà non sono affatto terrificanti mostri della notte: sono creature altamente socievoli, che condividono il cibo con i loro simili che non riescono a nutrirsi, e ricoprono un ruolo vitale nell'impollinazione e nel trasporto dei semi degli alberi da frutto.

Le attività umane stanno mettendo in pericolo il futuro di molti animali, con centinaia di migliaia di specie a rischio di estinzione totale. Newt Scamander salva, protegge e si prende cura degli animali fantastici che sono minacciati, maltrattati o incompresi dagli altri maghi, come il magnifico Zouwu. Analogamente a Newt, un gran numero di scienziati, ambientalisti e comunità locali collaborano per proteggere le specie in pericolo. Sperano di ridurre al minimo i conflitti tra umani e animali che rappresentano un potenziale rischio per la vita e l'economia locale, e di cambiare il nostro modo di vedere queste creature, assicurando un futuro in cui possiamo vivere insieme nel rispetto e nell'accettazione, invece che nella paura.

“Nutro la più sincera speranza che una nuova generazione di streghe e maghi trovi sempre nelle sue pagine la motivazione per amare e proteggere gli incredibili animali con i quali condividiamo la magia.”

Gli Animali Fantastici: dove trovarli

LA CANTINA INCANTATA DI NEWT

Quando è in viaggio, Newt usa la sua valigia magica per ospitare e curare gli animali fantastici. Quando è a casa, a Londra, la sua cantina incantata serve da ospedale equipaggiato per mantenere le creature felici e in salute. Gli strumenti vanno dal collirio per il Mooncalf ai biberon per gli Snasetti.

COLLIRIO PER MOONCALF E BIBERON PER SNASETTI

OGGETTI DI SCENA DAL FILM *ANIMALI FANTASTICI: I CRIMINI DI GRINDELWALD*, 2018

Warner Bros.

Oggi, grazie al lavoro di conservazione e a una migliore comprensione dei lupi grigi (*Canis lupus*), la specie non è più minacciata, e molte aree in cui un tempo il lupo veniva cacciato sono diventate zone di ripopolamento. Tuttavia queste creature incredibili e intelligenti non sono del tutto fuori pericolo, visto che alcune popolazioni sono ancora classificate come a rischio e alcune sottospecie sono già estinte.

I nomi hanno un grande impatto sul nostro modo di vedere gli animali. Il pipistrello vampiro (*Desmodus rotundus*) viene automaticamente collegato all'omonimo mostro succhiasangue. Anche se può trasmettere la rabbia, i casi di morsi agli esseri umani sono molto rari. In effetti la maggior minaccia per questa specie è proprio l'essere umano, che taglia le foreste e distrugge il suo habitat naturale.

TIGRE DEL CASPIO

Con la riduzione delle foreste e l'espansione delle città, gli incontri fra le persone e i grandi predatori come le tigri si fanno sempre più frequenti. Come per il magico Zouwu, circostanze del genere possono essere pericolose sia per gli umani che per i grandi felini. La tigre del Caspio è rimasta vittima di questo confronto. Un tempo diffusa in Asia centrale, questa sottospecie si è estinta negli anni Settanta del secolo scorso quando il suo habitat è stato rimpiazzato da fattorie e città. Se vogliamo che le tigri sopravvivano, dobbiamo trovare nuovi modi di convivere pacificamente con loro.

TIGRE DEL CASPIO
Panthera tigris virgata
The Natural History Museum

Alcune popolazioni di tigri stanno aumentando nei numeri, ma resistono ormai solo nel quattro per cento delle aree in cui vivevano un tempo. Il numero totale degli esemplari è passato da circa centomila unità nel 1910 a circa tremilanovecento nel 2016. Gli attacchi alle persone e al bestiame spingono le comunità a dare la priorità alla protezione delle proprie famiglie piuttosto che delle tigri a rischio di estinzione, come la tigre del Bengala (*Panthera tigris tigris*). Gli ambientalisti sono al lavoro con le popolazioni locali per creare soluzioni vantaggiose sia per gli animali che per gli umani, allo scopo di salvare i primi e promuovere una vita sicura e sostenibile per i secondi.

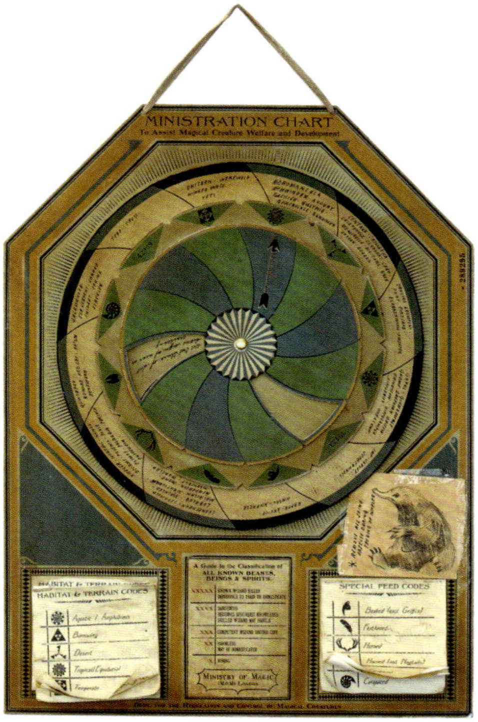

NUTRIRE LE CREATURE MAGICHE

Questo schema riassume i consigli per la cura delle creature magiche nel libro di Newt *Gli Animali Fantastici: dove trovarli*. Comprende le linee guida per nutrire gli animali dotati di becco, piume, corni, zoccoli e carapaci (gusci duri). Lo schizzo disegnato a mano sul lato ricorda di 'rimuovere tutti gli oggetti luccicanti durante il pasto degli Snasi'.

SCHEMA RIASSUNTIVO PER LA CURA, IL BENESSERE E LO SVILUPPO DELLE CREATURE MAGICHE

OGGETTO DI SCENA DAL FILM *ANIMALI FANTASTICI E DOVE TROVARLI*, 2016

Warner Bros.

AMMANSIRE UNO ZOUWU

Lo Zouwu è una creatura magica, simile a un felino, originaria della Cina. Grande come un elefante, è incredibilmente forte e veloce. Quando uno Zouwu fugge per le strade di Parigi in *Animali Fantastici: i crimini di Grindelwald*, è un pericolo per se stesso e per chi lo circonda. Per fortuna Newt riesce a riportarlo al sicuro: agita verso di lui un giocattolo piumato e poi lo lascia cadere nella sua valigia; lo Zouwu salta dentro per prenderlo.

GIOCATTOLO PER ZOUWU

OGGETTO DI SCENA DAL FILM *ANIMALI FANTASTICI: I CRIMINI DI GRINDELWALD*, 2018

Warner Bros.

SPUTAFUOCO

In questa opera originale per l'edizione illustrata di *Harry Potter e il Calice di Fuoco*, l'artista Jim Kay dipinge l'Ungaro Spinato in tutta la sua gloria sputafuoco. La scena mostra una femmina che difende un uovo d'oro. La missione di Harry era rubare l'uovo per la prima prova del Torneo Tremaghi.

Newt descrive l'Ungaro Spinato come il più pericoloso delle dieci specie di drago. Notoriamente ghiotto di esseri umani, può sputare fuoco fino a quindici metri di distanza. Per la sicurezza delle persone, nel mondo magico alcuni draghi sono tenuti nascosti in riserve speciali. Di tanto in tanto volano fuori da queste zone in cerca di prede, rischiando di provocare conflitti con gli umani.

ILLUSTRAZIONE DI UNGARO SPINATO
JIM KAY
Bloomsbury

CAPITOLO SETTE

SPECIE IN PERICOLO

'Dobbiamo proteggere queste creature invece che ucciderle'.

Newt Scamander

SPECIE IN PERICOLO

Di Patrick Barkham

Giornalista e scrittore

Patrick Barkham è uno scrittore pluripremiato e giornalista scientifico per il Guardian. *Tra i suoi libri:* The Butterfly Isles, Badgerlands *e* Islander. *L'ultimo,* Wild Child, *parla della gioia che i bambini possono trarre dalla natura che li circonda ogni giorno.*

In mezzo all'Oceano Indiano si trova un granello di terra vulcanica ricoperta di verde tropicale. Questa piccola isola, Mauritius, è il punto di origine dell'estinzione, vale a dire della scomparsa definitiva delle specie dal pianeta Terra. Ma è anche un luogo di grande speranza, dove abbiamo imparato come riportare indietro dal baratro animali rari.

Avendo visitato più di cento paesi in tutto il mondo, immagino che Newt Scamander possa essere stato ugualmente affascinato da questa solitaria isola tropicale. I primi visitatori conosciuti furono dei marinai olandesi che arrivarono nel 1598. Isolata da altri paesi e continenti per milioni di anni, l'isola è il luogo in cui sono state in grado di evolversi creature fantastiche, come per esempio un grande piccione incapace di volare: il dodo.

Tuttavia, nell'arco di un secolo dall'insediamento dell'uomo a Mauritius, il dodo si era estinto. Gli animali domestici dei coloni, i maiali e i ratti neri che avevano portato, distrussero l'habitat del dodo e mangiarono le uova degli uccelli indifesi, che fino a quel momento erano vissuti in un paradiso privo di maiali, ratti e persone.

Una replica del dodo (conosciuto come il Diricawl per quelli del mondo magico) è un pezzo forte del Natural History Museum. È il simbolo di un'era di estinzione: un rimprovero e un promemoria. Gli scienziati hanno proposto che la nostra epoca geologica sia chiamata Antropocene. Significa che il pianeta e i suoi abitanti sono stati modellati da una specie dominante: l'*Homo sapiens*. Una caratteristica di quest'epoca è che la Terra sta perdendo la sua ammaliante biodiversità più rapidamente che negli ultimi milioni di anni. Abbiamo dato il via a quella che alcuni chiamano la sesta grande estinzione.

Oggi sappiamo che un milione di specie rischia di estinguersi. Assistiamo anche

a una drastica riduzione nei numeri delle popolazioni. Gli enormi sciami di farfalle monarca, gli stormi di storni e i branchi colossali di gnu stanno diventando più rari. Tre miliardi di uccelli sono scomparsi dai cieli degli Stati Uniti e del Canada dal 1970. In Gran Bretagna, più di un quarto degli uccelli nativi sono in pericolo di estinzione o stanno vivendo un declino significativo. La tortora è quella più a rischio: la sua popolazione si è ridotta del novantotto per cento dal 1970. Ci sono appena un migliaio di coppie riproduttive rimaste nel Regno Unito.

Negli ultimi anni il baiji, una specie unica e meravigliosa di delfino di fiume, presente da oltre venti milioni di anni, è scomparso dal fiume Yangtze in Cina, e ora si crede che sia estinto. Il piccolo pipistrello dell'Isola di Natale è scomparso per sempre dalla sua remota isola australiana. Il po'o-uli, un grazioso uccello con una sorprendente maschera nera sugli occhi, si è estinto sull'isola hawaiana di Maui.

Ogni specie scompare a causa di una serie unica di circostanze, ma ci sono anche cause comuni. Quasi tutte le estinzioni sono legate all'azione umana. Alcuni animali vengono cacciati per il profitto. Al corno del rinoceronte bianco, per esempio, sono attribuiti poteri terapeutici in alcune medicine tradizionali. Per la maggior parte, tuttavia, si tratta di estinzioni accidentali. Non spingiamo deliberatamente queste creature verso l'oblio, ma purtroppo tutti, inconsapevolmente, vi partecipiamo. Il nostro consumo delle risorse del pianeta Terra sta aumentando. Man mano che la nostra popolazione si espande e la nostra vita si fa più comoda, occupiamo più spazio (per l'agricoltura, le miniere, l'industria, le strade e le case) e inquiniamo il suolo e il mare. Releghiamo altri animali in porzioni sempre più ridotte di terra o di acqua. Spostiamo anche le specie da un luogo all'altro. Queste specie 'invasive' (in particolare gatti, ma anche cani, volpi, manguste, ratti e topi) spesso spazzano via creature indigene che si sono evolute senza difese contro questi nuovi predatori.

Un'estinzione è come una morte: è triste e deprimente. Ma contemporaneamente a questo modello di perdita e distruzione sta avvenendo qualcosa di più promettente e rincuorante. Siamo diventati i primi animali a lavorare consapevolmente per salvare altri animali dall'estinzione. Ogni anno diventiamo più bravi. Stiamo recuperando centinaia di specie in pericolo dall'orlo del baratro. Un tempo, nel mondo magico, il Golden Snidget fu cacciato dai maghi fin quasi all'estinzione, per le sue piume e i suoi occhi, molto apprezzati, simili a gemme rosse. Per fortuna il pericolo è stato riconosciuto in tempo e la specie è stata protetta da misure rigorose, tra cui l'introduzione di riserve di Bolcini. La lezione per maghi e Babbani è semplice: possiamo salvare ogni singolo animale raro, se ci proviamo davvero.

Nell'ultimo secolo ci sono state migliaia di eroi nel campo emergente della scienza della conservazione. Ambientalisti che, proprio come Newt Scamander, hanno dedicato la loro vita a salvare le specie.

Grandi sforzi sono stati fatti anche sull'isola di Mauritius. Negli ultimi decenni del ventesimo secolo sull'isola c'erano meno di dodici esemplari selvatici conosciuti di cinque diverse specie di uccelli. Sull'orlo dell'estinzione, il gheppio di Mauritius, il piccione rosa, il parrocchetto di Mauritius, la *Foudia flavicans* e l'*Acrocefalus rodericanus* – due specie di uccelli canterini dell'isola –, erano destinati a seguire le orme del dodo.

Salvare le specie è sempre un lavoro di squadra, ma gli sforzi di allevamento in cattività guidati da Carl Jones, biologo e ambientalista gallese, hanno aiutato a salvare tutti e cinque questi animali in pericolo. Comprendendo ciò di cui gli uccelli avevano bisogno per riprodursi con più successo, ripristinando gli habitat della foresta e controllando i predatori, gli uccelli più rari delle Mauritius vivono oggi allo stato selvatico in gruppi di centinaia, a volte migliaia di individui.

È facile sentirsi impotenti, ma anche i singoli possono fare la differenza. La farfalla azzurra *Phengaris arion* si è estinta in Gran Bretagna nel 1979. Per fortuna questa specie ha resistito in alcuni paesi europei e il professor Jeremy Thomas ha raccolto dei bruchi in Svezia per ricostituire la popolazione di queste farfalle in Inghilterra. Studiando l'affascinante rapporto simbiotico di questa farfalla con una specie di formica, è stato in grado di ricreare un habitat adatto. Oggi, nel mese di giugno, è possibile vederle volare nel Sud-Ovest dell'Inghilterra più che in qualsiasi altro paese al mondo.

Qualcuno potrebbe chiedersi: che senso ha salvare una specie di farfalla apparentemente insignificante? Non è irrilevante quando stiamo perdendo così tanto? L'atto di salvare una specie, tuttavia, richiede sempre di comprendere e ripristinare il suo ecosistema più ampio. Quando salviamo una specie, centinaia di altre ne traggono beneficio.

Alcuni di noi diranno che salvare le specie in definitiva ci permette di sopravvivere: animali e piante sono fonte di cibo o di medicinali salvavita, o svolgono 'servizi ecosistemici' cruciali come l'impollinazione per sostenere la vita sulla Terra. Per altri si tratta di un imperativo morale: ogni specie con cui condividiamo il nostro miracoloso pianeta ha il diritto di abitarlo quanto noi. Salvarle è semplicemente la cosa giusta da fare. Come osserva anche Newt nella sua istruttiva prefazione a *Gli Animali Fantastici: dove trovarli*, i nostri sforzi per proteggere la fauna selvatica non servono solo a noi: sono un'eredità per le generazioni future. Anche i nostri discendenti meritano di godere delle ricchezze della natura, proprio come noi.

Noi Babbani possiamo convenire che salvare le specie ci porta a comprendere la meraviglia del nostro mondo. Non possiamo essere semplicemente i figli prolematici di questo pianeta: dobbiamo diventare quelli con le soluzioni per salvarlo.

L'IMPATTO UMANO

Molte specie animali sono state ridotte a numeri molto bassi e sono sull'orlo dell'estinzione a causa di attività umane come il bracconaggio e il commercio illegale di parti del corpo degli esemplari. Zanne, corna, pelli, piume e ossa sono tutti considerati beni di valore. Gli animali sono sfruttati per il loro valore commerciale percepito: vengono uccisi per la loro carne o per produrre accessori di moda, gingilli o medicinali. Buceri dall'elmo, elefanti, rinoceronti e pangolini, per citarne alcuni, sono vittime del crudele commercio di avorio, carne, corna e squame per 'terapie' senza alcuna prova scientifica. Le focene vaquita hanno subito perdite devastanti a causa della pesca illegale. Questa creatura ormai rara, infatti, potrebbe essere già estinta nel momento in cui leggerete questo libro.

Come Newt, ricercatori e ambientalisti stanno lavorando duramente, spesso contro ogni aspettativa, per proteggere le specie vulnerabili, rare e in pericolo dallo sfruttamento e prevenirne l'estinzione. Il loro compito non è facile. Ripristinare una popolazione sana dopo che una specie è stata ridotta a un piccolo numero di esemplari è una sfida. I programmi di allevamento intensivo stanno contribuendo ad aumentare il numero di alcuni animali, per esempio il pappagallo neozelandese kākāpō. Nel mondo magico, Newt riesce a salvare l'ultima coppia di Graphorn esistente.

L'aumento della consapevolezza nell'opinione pubblica e l'istruzione hanno giocato un ruolo importante nel ridurre la domanda di parti di animali. Tuttavia, c'è ancora molto da fare. Proteggere una specie in pericolo richiede anche il sostegno e la collaborazione dei governi, delle forze dell'ordine e delle comunità locali. Campagne mirate con manifesti e altre piattaforme mediatiche aiutano a sensibilizzare la gente sulle minacce reali che gli animali in via di estinzione affrontano e a generare sostegno per i progetti di conservazione. E con i progressi della tecnologia, gli scienziati sono in grado di tracciare e monitorare le specie vulnerabili, ricavando conoscenze preziose per la protezione delle incredibili creature con cui condividiamo il nostro pianeta.

Gli elefanti vengono cacciati, uccisi o mutilati per le loro zanne d'avorio. Molte organizzazioni benefiche lavorano senza sosta per proteggere questi incredibili animali e mettere fine al crudele e inutile traffico dell'avorio.

MINACCIATI DAL COMMERCIO

Avere un corno o un becco stupendi, belle piume o squame, o deporre uova attraenti può essere un vero pericolo nel mondo animale. Purtroppo, molte creature con queste straordinarie caratteristiche vengono sfruttate dagli umani solo per il loro valore commerciale.

> *"L'Ufficio Regolazione e Controllo delle Creature Magiche mantiene una sorveglianza costante sul commercio di animali fantastici."*
>
> *Gli Animali Fantastici: dove trovarli*

PANGOLINO DEL BORNEO

I pangolini sono ricoperti da dure scaglie di cheratina che li proteggono dai predatori. Queste squame sono molto ricercate come ingrediente in alcune medicine tradizionali. Pur non essendoci prove scientifiche a riprova dei loro poteri terapeutici, si stima che più di un milione di pangolini siano stati uccisi negli ultimi decenni per le loro squame e la loro carne. Dall'organizzazione di pattuglie per fermare i bracconieri al salvataggio degli animali già catturati, sono tante le iniziative in corso per mantenere in vita questi mammiferi.

Tutte le specie di pangolino sono protette dalla legge, e parecchie sono a serio rischio di estinzione. Questi incredibili animali restano ancora misteriosi: scienziati e ambientalisti sono al lavoro per imparare di più sulle loro abitudini riproduttive e di vita, per identificare i luoghi di bracconaggio più intenso, come pure per ridurre la domanda dei consumatori per le loro squame e la loro carne.

PANGOLINO DEL BORNEO
Manis javanica
The Natural History Museum

CORNO DI ERUMPENT

Nel mondo magico il grande corno acuminato dell'Erumpent è usato come ingrediente delle pozioni. Nel suo libro Newt scrive che la popolazione di Erumpent è scarsa, ma non spiega come il commercio dei loro corni influisca sulla specie.

CORNO DI ERUMPENT VISTO A CASA LOVEGOOD
OGGETTO DI SCENA DAL FILM *HARRY POTTER E I DONI DELLA MORTE - PARTE 1*, 2010
Warner Bros.

I pangolini mangiano formiche e termiti usando le loro lingue incredibilmente lunghe e appiccicose. Possono arrotolarsi in una palla stretta per proteggersi quando sono minacciati dai predatori. Esistono otto specie di pangolini, quattro in Asia e quattro in Africa, e sono classificati da 'vulnerabile' a 'in pericolo critico'.

Negli ultimi anni sono state intercettate centinaia di tonnellate di squame di pangolino, spedite e commercializzate illegalmente. Questa schiva creatura è il mammifero più trafficato al mondo.

UOVO DI OCCAMY

Newt scrive che il magico Occamy depone uova il cui guscio è 'dell'argento più puro e liscio'. Nel film *Animali Fantastici e dove trovarli* rivela al suo amico Jacob che i nidi di Occamy sono presi di mira dai cacciatori che ne rubano le uova preziose.

UOVA DI OCCAMY D'ARGENTO

OGGETTO DI SCENA DAL FILM *ANIMALI FANTASTICI E DOVE TROVARLI*, 2016

Warner Bros.

> *"L'Occamy è aggressivo nei confronti di tutti coloro che gli si avvicinano, soprattutto in difesa delle sue uova, dal guscio fatto dell'argento più puro e liscio."*

Gli Animali Fantastici: dove trovarli

CACCIATO

Un tempo diffuso nelle foreste del Sud-Est asiatico, il bucero dall'elmo è oggi a rischio di estinzione, minacciato dalla caccia indiscriminata al suo casco osseo, che può essere intagliato come l'avorio. Analogamente alle uova d'argento dell'Occamy, gli elmi intarsiati sono molto apprezzati in alcuni paesi. Negli ultimi anni, ciò ha portato a un aumento della caccia. Quasi tremila elmi di bucero sono stati sequestrati nell'ultimo decennio, ma questa è solo una piccola parte del commercio illegale globale. Gli ambientalisti stanno ora lavorando per far rispettare i divieti di caccia e di commercio e per ridurre la domanda di questo genere di prodotti. I programmi di protezione locali lavorano insieme alle comunità per cercare di convertire i bracconieri in ranger a difesa della specie.

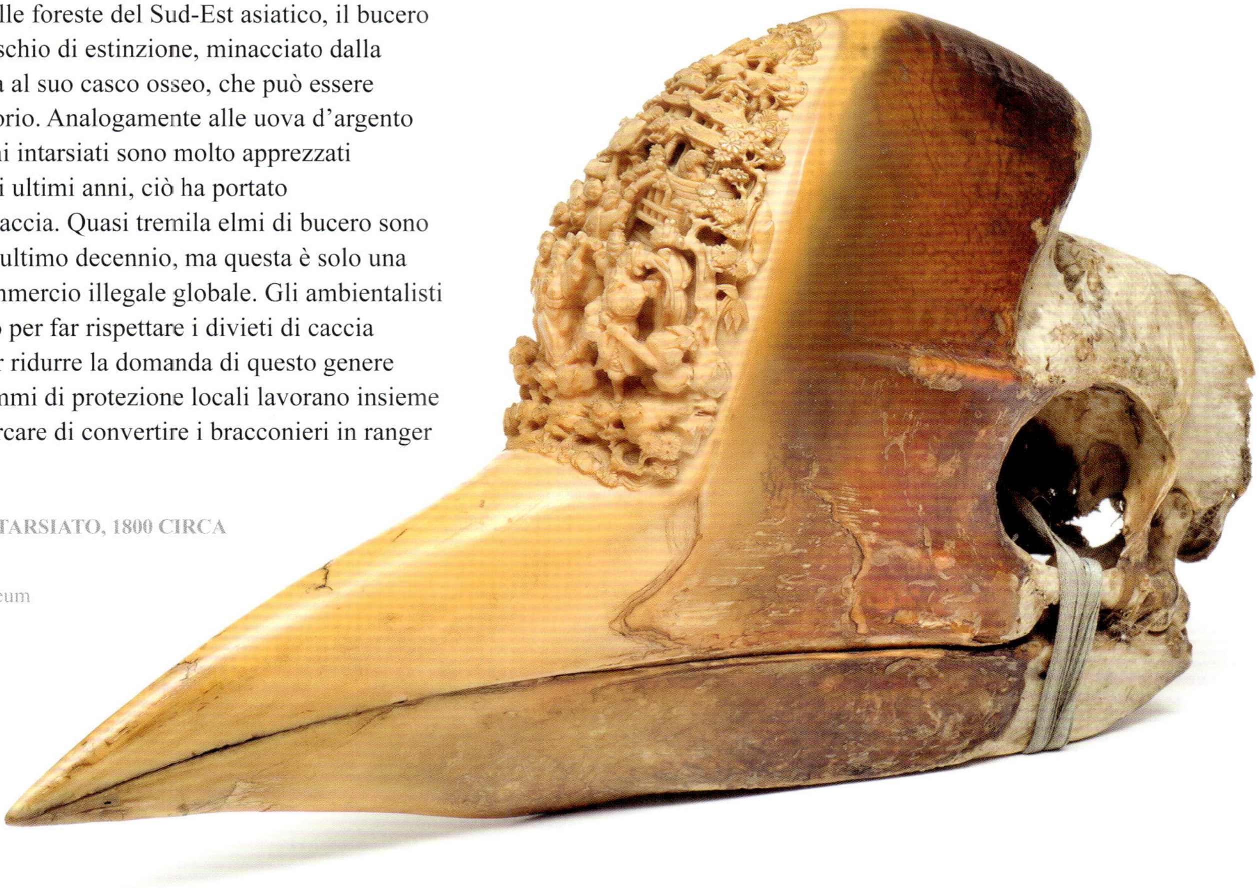

ELMO DI BUCERO INTARSIATO, 1800 CIRCA
Rhinoplax vigil
The Natural History Museum

Il bucero dall'elmo ricopre un ruolo importante nelle foreste tropicali, poiché sparge i semi dei fichi che mangia. Questo contribuisce alla nascita di nuovi alberi, che forniscono cibo a molte altre specie.

I have worked
The properties … solved in perfect & …
consist of essential execution of lift and
the right moment, simultaneously
in the right balance
aerodynamic dif…
displacement.

“Le piume e gli occhi del Golden Snidget hanno un valore così alto che un tempo ha rischiato di essere cacciato dai maghi fino all’estinzione.”

Gli Animali Fantastici: dove trovarli

ILLUSTRAZIONE DI UN GOLDEN SNIDGET (ACQUERELLO E TECNICA MISTA)
OLIVIA LOMENECH GILL
Bloomsbury

SALVARE UNA SPECIE

Nel film *Animali Fantastici e dove trovarli*, Newt spiega di aver salvato dall'estinzione l'ultima coppia di Graphorn del mondo magico. Sotto le sue cure, queste bestie con le corna e la gobba danno vita a una nuova generazione di piccoli Graphorn, speranza per il futuro di questa specie magica. Newt cerca anche di educare i suoi colleghi maghi: i Graphorn vengono uccisi sia per le loro corna che per le loro pelli spesse resistenti agli incantesimi.

Nel nostro mondo, molte specie animali come la focena vaquita e il pappagallo kākāpō hanno rischiato di scomparire del tutto a causa di attività umane come la pesca e la caccia. Scienziati e ambientalisti stanno facendo di tutto per salvarle dall'estinzione.

La vaquita (*Phocoena sinus*) è la focena più piccola del mondo e una delle specie più in pericolo del nostro pianeta. Le vaquita vivono al largo delle coste del Messico, dove spesso vengono catturate accidentalmente dalle reti dei pescatori di frodo. Come il magico Graphorn, le popolazioni di vaquita sono scese a numeri molto bassi. Gli ambientalisti hanno provato di tutto, dall'allevamento in cattività in mare alla riprogettazione degli attrezzi da pesca, per evitare che questa specie scompaia per sempre. Nel 2019 si pensava che fossero rimasti meno di venti esemplari al mondo. I ricercatori temono che se non interveniamo tempestivamente per salvare questa preziosa focena, la specie potrebbe estinguersi nei prossimi anni, se non addirittura mesi.

TECNOLOGIE PER SALVARE UNA SPECIE

Gli ambientalisti che lavorano con il Kākāpō Recovery Programme della Nuova Zelanda usano tecnologie appositamente sviluppate per monitorare la posizione e la salute di ogni kākāpō nelle riserve. Ogni esemplare indossa un piccolo zaino munito di radiotrasmittente. Questi dispositivi inviano agli scienziati informazioni sulle attività degli uccelli, come l'accoppiamento e la nidificazione. I ricercatori monitorano la dieta di ogni kākāpō usando stazioni di alimentazione controllate elettronicamente, e rimuovono le uova dai nidi in modo che possano essere curate e incubate in sicurezza. Al loro posto lasciano delle 'uova intelligenti' che emettono suoni realistici in modo che le femmine possano prepararsi all'arrivo dei pulcini.

Il kākāpō (*Strigops habroptila*) è un pappagallo notturno incapace di volare che un tempo si trovava in tutta la Nuova Zelanda. Oggi ne rimangono solo pochi esemplari. Il kākāpō è arrivato vicino all'estinzione alla fine del ventesimo secolo, in seguito a molti anni di caccia, sia da parte degli umani che dei gatti, dei ratti e degli ermellini introdotti sulle isole dai colonizzatori umani. Negli anni Ottanta, gli ambientalisti hanno spostato tutti gli uccelli rimasti in riserve libere da predatori, lanciando un programma di allevamento intensivo per contribuire a salvare la specie. Tra il 1995 e il 2020, il numero di kākāpō è aumentato in questo modo da cinquantuno a oltre duecento esemplari.

“Questa è l’ultima coppia riproduttrice esistente. Se non fossi riuscito a salvarla… sarebbe stata la fine dei Graphorn per sempre.”

Animali Fantastici e dove trovarli
(2016)

ILLUSTRAZIONE DI UN GRAPHORN (ACQUERELLO E TECNICA MISTA)
OLIVIA LOMENECH GILL
Bloomsbury

I SOSTENITORI DEL NOSTRO PIANETA

Un sostenitore del pianeta è una persona che parla a nome della natura e che si impegna a proteggerla. Gli ultimi anni hanno visto un incremento di giovani attivisti in tutto il mondo. Milioni di ragazzi si sono uniti in scioperi, marce e raduni per chiedere l'intervento immediato delle nazioni rispetto al riscaldamento globale e ad altre questioni ambientali che riguardano tutte le creature viventi. Qui di seguito trovate alcuni degli attivisti più impegnati a rendere il mondo un posto migliore.

Greta Thunberg

Giovanissima attivista svedese contro il cambiamento climatico. Con i suoi scioperi del venerdì (*Fridays for Future*), le sue campagne ambientali internazionali e le manifestazioni per chiedere un cambiamento prima che sia troppo tardi, Greta ha suscitato un risveglio globale. In uno dei suoi discorsi, ha detto al mondo'la nostra casa è in fiamme' perché abbiamo all'incirca dodici anni prima che gli effetti del cambiamento climatico diventino irreversibili.

Zero Hour

Movimento giovanile americano contro il cambiamento climatico, fondato nel 2017 da Jamie Margolin, Nadia Nazar, Madelaine Tew e Zanagee Artis. I giovanissimi fondatori, tutti adolescenti, vogliono costringere i leader del mondo e gli adulti in generale ad ascoltare le loro preoccupazioni sull'impatto che il cambiamento climatico avrà sul nostro pianeta e sulla potenziale distruzione della loro casa.

Bella Lack

Adolescente britannica, attivista ambientale e ambasciatrice giovanile della Born Free Foundation, che lavora per garantire che tutti gli animali selvatici (e quelli in cattività) siano trattati con compassione e rispetto e possano vivere la loro vita secondo le loro esigenze. La petizione di Bella contro l'impiego di animali selvatici nei circhi del Regno Unito ha portato a un divieto del governo in materia.

Dara McAnulty

Giovanissimo naturalista britannico, ambientalista e appassionato sostenitore della fauna selvatica. Dara dedica tutto il suo tempo libero alla protezione della fauna selvatica, in particolare dei rapaci. Visita anche le scuole e tiene conferenze per incoraggiare i giovani a ristabilire un contatto con la natura e a difendere le meraviglie del nostro mondo naturale. Nel suo libro *Diario di un giovane naturalista* ha parlato delle sfide ambientali del nostro pianeta.

Malaika Vaz

Autrice di documentari sulla fauna selvatica, attivista, ambientalista ed esploratrice del *National Geographic* originaria di Goa, in India. Poco più che ventenne, Malaika ha già lasciato il segno come sostenitrice del pianeta, girando documentari sul conflitto uomo-tigre nell'India centrale e sul commercio illegale di mante e mobule. Ha partecipato a spedizioni di ricerca in Antartide e nell'Artico, ed è anche nota per aver condotto *On the Brink*, un programma in otto puntate sull'estinzione, e una serie in tre episodi dal titolo *Living with Predators*.

Georgia Locock

Giovane ambientalista e blogger britannica. Quando non studia, Georgia è impegnata in campagne su temi ambientali. Gira per le scuole per promuovere l'importanza della salvaguardia della natura e crea video per portare alla luce questioni come l'abbattimento illegale dei tassi e il massacro degli uccelli migratori.

“Newt Scamander fu insignito dell’Ordine di Merlino, Seconda Classe, nel 1979, in ricompensa dei servizi resi allo studio delle bestie magiche, la Magizoologia.”

Gli Animali Fantastici: dove trovarli

CAPITOLO OTTO

SALVARE IL MONDO DELLA NATURA

'Il pericolo venne avvertito in tempo e la specie fu dichiarata protetta'.

Newt Scamander

SALVARE IL MONDO DELLA NATURA

Di Mya-Rose Craig
Birdwatcher, naturalista e ambientalista

Mya-Rose Craig è appassionata di ornitologia, attivista per i diritti civili e fondatrice dell'organizzazione no-profit Black2Nature. Mya-Rose è la persona più giovane ad aver ricevuto una laurea honoris causa *dall'Università di Bristol. Per i suoi tanti follower, sui social è 'Birdgirl'.*

Per il mio lavoro di documentazione delle specie di uccelli ho fatto molti viaggi. Proprio come Newt Scamander, ho avuto la fortuna di visitare giungle nere e deserti assolati, vette di montagne e paludi fangose. Non ho ancora dovuto usare il mio bollitore da viaggio per respingere gli attacchi di un mostro, anche se mi sarebbe stato utile in Sudafrica, quando ero alla ricerca di un gufo pescatore di Pel.

Stavo facendo trekking con la mia famiglia nella foresta vicino a un fiume, alla ricerca del gufo. Avevo solo quattro anni e le gambe corte, e io e mia madre eravamo rimaste indietro rispetto al resto del gruppo. Quando la guida si voltò improvvisamente e ci fece cenno di fare silenzio, pensammo che mio padre e mia sorella stessero già guardando il gufo senza di noi. Ci mettemmo a correre per raggiungerli. In quel momento sfortunato, sentimmo anche un forte rumore tra gli alberi: un grande ippopotamo stava venendo verso di noi attraverso il sottobosco.

Gli ippopotami sono gli animali più pericolosi di tutta l'Africa, e ogni anno fanno più vittime di qualsiasi leone o coccodrillo. Non bisognerebbe mai mettersi tra un ippopotamo e il luogo in cui vuole stare, ma in quel momento mia madre e io eravamo proprio in quella situazione. Cercammo di scappare, ma nel panico inciampammo l'una nell'altra. Cademmo a terra, proprio sul percorso di quella bestia furiosa. Mio padre, sconvolto dalla prospettiva della nostra fine imminente, si gettò su di noi in preda al panico. Mi ritrovai schiacciata sotto i miei genitori, con il cuore che mi batteva forte. (Mia sorella Ayesha, apparentemente l'unica ragionevole della famiglia, era rimasta con la guida.) Mentre l'ippopotamo si avvicinava rapidamente, ci preparammo alla nostra stessa fine.

Per fortuna non successe. All'ultimo secondo la guida si mise a correre verso l'ippopotamo, urlando così forte che l'animale si spaventò ed evitò la massa di

membra aggrovigliate, mancandoci di meno di un metro. Avevamo sfiorato la morte, e tutto per cercare un gufo.

In effetti, però, come si può vedere, io amo molto gli uccelli. Il loro bellissimo piumaggio e la loro capacità apparentemente magica di alzarsi in volo mi hanno sempre affascinato. Secondo me sono gli animali più fantastici al mondo. Non credo che ci sia stato un periodo in cui gli uccelli non abbiano fatto parte della mia vita. A volte le fotografie ti imprimono una scena nel cervello, e molti dei miei primi ricordi di birdwatching sono proprio così. Ho un album con alcune vecchie foto. La prima è un po' sgualcita: ci sono io, a nove giorni, che guardo in un cannocchiale tenuto da mia sorella. Era un segno di come si sarebbe svolto il resto della mia vita: con gli occhi fissi su qualche lente, perennemente alla ricerca.

Durante i miei lunghi viaggi sono riuscita a vedere più della metà degli uccelli del mondo, dall'aquila arpia gigante del Sud e Centro America (un uccello alto quasi un metro con artigli grandi come piatti da portata) al più piccolo dei colibrì; il mio preferito è il colibrì dal becco a spada, che ha un becco più lungo del suo corpo e la capacità di volare all'indietro come il magico e raro Golden Snidget. Alcuni degli uccelli che ho avvistato mi hanno riportato alla preistoria. L'hoatzin dell'Amazzonia assomiglia a un *Archaeopteryx*, l'anello mancante tra i dinosauri e gli uccelli. I loro piccoli hanno artigli uncinati sulle ali per aiutarli ad arrampicarsi sugli alberi. Ho anche visto le ossa del gigantesco uccello elefante del Madagascar. Alti tre metri e con un peso di oltre settecento chilogrammi, erano i più grandi uccelli mai vissuti sulla Terra.

Anche alcuni degli uccelli di oggi possono essere minacciosi e pericolosi. Il casuario australiano può uccidere una persona con un solo calcio. Alcuni, come i pappagalli dorati e gli uccelli del paradiso, possono essere incredibilmente belli, con le loro piume dai colori accesi e le loro danze complesse. Molti sono intelligenti e premurosi: il maleo seppellisce le sue uova nella terra riscaldata da sorgenti calde, mentre i pinguini tengono in equilibrio i loro pulcini sui piedi per proteggerli dal freddo.

Di tutte le creature del nostro mondo, tuttavia, la più fantastica che abbia mai visto ha un becco e depone le uova, ma non è affatto un uccello. L'ornitorinco dal becco d'anatra abita nei tranquilli corsi d'acqua dell'Australia orientale. È una creatura dall'aspetto così strano che la prima volta che gli scienziati ne hanno visto uno hanno pensato che fosse uno scherzo. L'ornitorinco è timido e gentile, ma è dotato di speroni velenosi per difendersi. Si chiude dentro una tana per deporre le uova e ha una sorta di 'sesto senso' negli elettrorecettori del suo becco che, anche nelle acque buie, gli permettono di localizzare le prede grazie ai segnali elettrici del loro battito cardiaco. A causa degli incendi che hanno devastato l'Australia di recente, i ricercatori sostengono che questi animali, già in via di estinzione, potrebbero sparire nei prossimi decenni. Questa, come ogni estinzione, sarebbe una catastrofe. È una cosa contro cui dobbiamo lottare con tutte le nostre forze.

Salvare il mondo naturale è la sfida più importante per la mia generazione, e qualcosa per cui lo stesso Newt combatteva già da tempo. Dobbiamo agire ora per fermare il collasso del clima e l'estinzione delle specie prima che sia troppo tardi. Per le persone più giovani, di fronte a questioni così devastanti, vitali e urgenti, è facile sentirsi arrabbiate, ansiose, depresse, persino sconfitte. Cosa possiamo fare? Da dove cominciamo?

Io credo che sia possibile cambiare le cose, un passo alla volta. La prima cosa che dobbiamo fare è unirci. Gli appassionati della natura e i naturalisti come me devono riuscire a coinvolgere più persone possibile, in tutto il mondo.

Durante i miei primi anni da birdwatcher, mi sono subito resa conto di quanto fossi fortunata ad avere l'opportunità di osservare da vicino le meraviglie della natura. Sono in parte originaria del Bangladesh, ed ero anche consapevole del fatto che non c'erano molte persone come me che potevano passare del tempo all'aperto, nella natura. Nell'estate del 2015, quando avevo tredici anni, ho deciso di fare qualcosa al riguardo. Ho messo a punto un piano per organizzare un campus naturalistico proprio per ragazzi e ragazze appartenenti a minoranze etniche. Era un progetto semplice, anche se di difficile realizzazione, eppure la risposta è stata sorprendente. Le reazioni dei partecipanti hanno dimostrato che mettendo la natura al centro, tutti possono goderne. Dare a questi adolescenti il potere di lottare per l'ambiente ha significato dargli gli strumenti per impegnarsi anche in altri campi, per l'uguaglianza dei diritti e contro il razzismo. Da allora ho progettato altri campi e nel 2016 ho fondato Black2Nature, un'organizzazione il cui obiettivo è permettere ai bambini e agli adolescenti delle minoranze etniche di godere dei grandi spazi aperti. Credo sinceramente che dare priorità alla diversità sia un grande passo per unire le persone nella lotta per creare un mondo sostenibile.

Quindi, cosa potete fare per contribuire a salvare il nostro straordinario pianeta?

Cominciate uscendo all'aperto. Forse non vi trovate sulle Ande o in una savana africana, ma è probabile che abbiate un bosco, un campo o un parco nelle vicinanze. Forse non avete un giardino o un cortile, ma anche una piantina sul davanzale può attirare incantevoli animaletti e uccelli in visita. Newt Scamander trova la magia ovunque e dappertutto. Anche voi potete farlo.

Forza, uscite fuori. Respirate, camminate, guardate, ascoltate. Le meraviglie della natura vi aspettano.

Mya-Rose Craig

SPERANZA PER IL FUTURO

Le parole allarmanti 'Il futuro del mondo naturale, da cui tutti dipendiamo, è nelle vostre mani', pronunciate recentemente a una conferenza sul cambiamento climatico da Sir David Attenborough, il famoso naturalista, scrittore e documentarista, non sono mai state più rilevanti. Ci troviamo di fronte a un'emergenza planetaria. Il futuro dell'umanità dipende dal mondo naturale, ma l'insostenibilità delle attività umane sta provocando crisi ambientali globali. Cambiamento climatico, perdita di biodiversità ed estinzioni di specie, distruzione degli habitat, inquinamento da plastica dell'acqua e dell'aria, erosione, perdita del suolo, deforestazione, desertificazione, acidificazione degli oceani e perdita delle barriere coralline, per citarne solo alcune, sono il risultato diretto delle nostre azioni. Minacciando gli ecosistemi del pianeta minacciamo la nostra stessa sopravvivenza. Dobbiamo agire ora e dobbiamo agire insieme, per un futuro in cui sia le persone che il pianeta prosperino.

Ambientalisti e naturalisti come Sir David, scienziati, attivisti e molte altre organizzazioni e individui in tutto il mondo sono già al lavoro per realizzare il progetto di un pianeta sostenibile. Come l'instancabile lavoro di protezione delle creature fantastiche fatto da Newt Scamander, il loro impegno aiuta a promuovere la comprensione e l'apprezzamento delle meraviglie del mondo naturale. Newt magari non aveva la tecnologia o le piattaforme mediatiche che abbiamo oggi, ma naturalmente aveva la magia dalla sua parte.

Maghi o Babbani, tutti noi dobbiamo fare di più per proteggere i nostri mondi. L'ecologia del nostro pianeta non è mai stata in condizioni così critiche come oggi, eppure noi non abbiamo mai avuto così tanti strumenti per capire cosa sta succedendo e cosa bisogna fare. La strada da seguire è quella di cambiare i nostri comportamenti e agire in base alle conoscenze scientifiche. Comprendere la vita sul nostro pianeta è una sfida immensa, ma è anche il modo in cui possiamo prevedere, pianificare e attuare con successo il cambiamento. Dare alle persone la possibilità di fare scelte informate e sostenibili farà la differenza per il futuro globale e per un mondo in cui tutti possano godere della bellezza della natura. Newt sarebbe fiero di noi!

La balenottera azzurra (*Balaenoptera musculus*) è stata oggetto di caccia fin quasi all'estinzione durante il ventesimo secolo, ma è stata anche una delle prime specie che gli umani hanno deciso di salvare su scala globale. Nel 1966 ne erano rimaste all'incirca quattrocento in tutto il mondo, ma da allora la popolazione è cresciuta costantemente fino ad arrivare ai ventimila esemplari di oggi. Il Natural History Museum conserva uno sbalorditivo scheletro di balenottera azzurra, lungo 25,2 metri, sospeso al soffitto di una delle sale principali. È stato chiamato Hope, 'speranza', come simbolo del potere dell'umanità di creare un futuro sostenibile.

STORIE DI SUCCESSO

Il lavoro inestimabile degli ambientalisti di tutto il mondo sta contribuendo a salvare molte specie in pericolo e dà speranza per altre, tuttora minacciate. Alcuni animali sono stati strappati appena in tempo al baratro dell'estinzione. Creature come la balenottera azzurra, il panda gigante e il gorilla di montagna sono ancora con noi e il loro numero aumenta gradualmente solo grazie agli interventi di conservazione. Il recupero degli habitat, le riserve protette e i programmi di allevamento in cattività, il divieto di caccia e l'applicazione delle leggi contro il traffico illegale di animali stanno contribuendo a proteggere le specie vulnerabili.

Negli anni Ottanta la caccia di frodo e la deforestazione hanno decimato la popolazione dei panda giganti (*Ailuropoda melanoleuca*) in Cina, riducendola a soli 1.114 esemplari. Tuttavia, solo quando ne erano rimaste appena poche centinaia, è nato un movimento globale per la salvezza di questi animali. Ogni dieci o quindici anni viene fatto un censimento dei panda, per tenere traccia del numero. Il più recente è avvenuto nel 2014 e la popolazione di panda selvatici è stata stimata in 1.864 esemplari, più circa 300 negli zoo e nei centri di allevamento in tutto il mondo. Circa due terzi dei panda selvatici vivono in riserve protette mentre un piccolo gruppo di quelli nati in cattività è stato rimesso in libertà. La sicurezza di questa specie sul lungo termine non è ancora garantita, ma grazie all'impegno del governo cinese, delle comunità locali, delle organizzazioni come il WWF e degli ambientalisti, il futuro del panda gigante sembra più luminoso.

Gli sforzi combinati di diverse organizzazioni ambientaliste e di alcuni governi africani stanno facendo una differenza enorme per la popolazione in pericolo dei gorilla (*Gorilla beringei beringei*). In molti paesi sono state istituite riserve e aree protette, con programmi di monitoraggio effettuati dai ranger dei parchi, e sono state incoraggiate migliori pratiche ambientali per prevenire la distruzione degli habitat tramite deforestazione, a scopo minerario o agricolo. Negli ultimi anni il numero dei gorilla di montagna ha continuato a crescere, facendo passare la specie dalla categoria 'in pericolo critico' a quella 'in pericolo' nel novembre 2018. Il risultato del censimento più recente, condotto nel 2018 in un parco nazionale dell'Uganda, insieme a quello 2015/2016 del parco dei Virunga, che monitora i gorilla di montagna nell'Africa dell'Est, riporta un numero totale di 1.063 esemplari in libertà.

"Nel frattempo mi limiterò ad aggiungere che mi dà un enorme piacere pensare che generazioni di giovani maghi e streghe sono giunti a una più piena conoscenza e comprensione degli animali fantastici che amo attraverso le pagine di questo libro."

Gli Animali Fantastici: dove trovarli

CURATORI

LOUIS BUCKLEY

Louis è il capo curatore della mostra *Fantastic Beasts: The Wonder of Nature*. Ha una formazione in zoologia, giornalismo scientifico e design interattivo ed esperienza di mostre su temi diversissimi, come la storia dello spionaggio, la resistenza agli antibiotici e il biohacking. Come Newt, Louis è un Tassofrasso, affascinato dagli animali fin da bambino, e nutre un affetto particolare per le rane e le altre creature dello stagno. Il suo Patronus è un cane mastino e la sua bacchetta è fatta di legno di sicomoro, con una piuma di fenice come nucleo.

LORRAINE CORNISH

Lorraine è responsabile della conservazione del Natural History Museum e coordinatrice del comitato scientifico del museo per la mostra *Fantastic Beasts: The Wonder of Nature*. Ha una formazione in geologia, tutela del patrimonio e creazione di percorsi espositivi. Ha preso parte a progetti come la conservazione di Hope, lo scheletro di balenottera azzurra sospeso al soffitto della Hintze Hall del museo. Lorraine è una Serpeverde, ma a differenza di Draco Malfoy è contraria a qualsiasi forma di bullismo. Da sempre affascinata dai mostri marini, ritiene che i ragni siano incompresi. Il suo Patronus è un ratto e la sua bacchetta di noce ha un nucleo di crine di unicorno.

ANNA DARRON

Anna è co-curatrice di *Fantastic Beasts: The Wonder of Nature*, responsabile delle ricerche sui contenuti, dello sviluppo della mostra e della selezione di oggetti ed esemplari. Orgogliosa Tassofrasso, con una formazione in antropologia e conservazione dei beni culturali, in passato ha lavorato a mostre sull'appetito, sui robot umanoidi e sul sole. Fin da piccola sognava di lavorare in un museo di storia naturale, ma non avrebbe mai immaginato che fosse qualcosa di così magico! Quando non lavora dietro le quinte la si può trovare all'aperto, a fare escursioni o viaggi con la sua bacchetta di legno di acacia (molto flessibile) con un nucleo di piuma di fenice. Il suo Patronus è un levriero russo.

KATE WHITTINGTON

Kate è co-curatrice di *Fantastic Beasts: The Wonder of Nature* e responsabile dello sviluppo dei contenuti e degli allestimenti, con cui dà vita a mondi magici.
Ha una formazione in scienze ambientali, comunicazione e illustrazione naturalistica. Ha lavorato a mostre locali e internazionali sugli antichi rettili marini, al concorso *Wildlife Photographer of the Year*, e adattato i testi di Sir David Attenborough per un'audioguida del museo. Curiosa Corvonero, Kate ama i lupi e le creature incomprese e meno carismatiche del mondo animale. La sua bacchetta è di legno d'ebano, con una piuma di fenice come nucleo, e il suo Patronus è un levriero irlandese.

IL NATURAL HISTORY MUSEUM

Il Natural History Museum è uno dei più grandi musei e istituti di ricerca del mondo. Custodisce il patrimonio nazionale britannico, comprensivo di oltre ottanta milioni di reperti di storia naturale. Raccolte nel corso degli ultimi quattrocento anni, le collezioni sono vaste e varie, e comprendono scheletri di balene, meteoriti marziani, dinosauri, ragni e molto altro. Molte di esse hanno un grande valore storico e scientifico, come quelle relative al viaggio di Charles Darwin sulla HMS *Beagle*, da cui sarebbe emersa la teoria dell'evoluzione, e le scoperte pioneristiche della collezionista di fossili Mary Anning.

Lo scopo del National History Museum è quello di veicolare l'amore per il nostro mondo naturale e fornire risposte ai grandi interrogativi che l'umanità e il pianeta si trovano ad affrontare. Il museo ospita più di trecentocinquanta esperti che lavorano sulle collezioni e, aprendole alla fruizione collettiva, consentono a tutti di riflettere su alcune delle grandi sfide del futuro, come la perdita globale della biodiversità e l'impatto del cambiamento climatico, la sicurezza alimentare e l'eradicazione delle malattie.

IL GRUPPO DI LAVORO DELLA MOSTRA

Allestire una mostra richiede un gran numero di persone con una varietà di specializzazioni e abilità. Project manager, designer, conservatori museali, archivisti, fotografi, ingegneri, addetti al montaggio delle strutture, documentaristi, esperti di indagini di mercato e tecnici degli effetti speciali: la progettazione e l'esecuzione di un progetto su scala così vasta, entro tempi e budget stabiliti, è possibile solo quando oltre cento persone lavorano insieme per un obiettivo comune.

Una menzione speciale va agli oltre trenta scienziati del museo che hanno lavorato alla realizzazione di questa mostra. Non solo hanno reso disponibili le collezioni di mammiferi, uccelli, rettili, pesci, insetti presenti in sede, ma con le loro competenze hanno anche contribuito alla selezione dei reperti per l'esposizione e alle ricerche scientifiche dietro ogni storia.

KYNOCH
EXPLODE IN BULK

J.K. ROWLING

J.K. ROWLING è l'autrice dei sette libri della saga di Harry Potter, pubblicati tra il 1997 e il 2007. Le intramontabili avventure di Harry, Ron e Hermione hanno venduto più di 500 milioni di copie, sono state tradotte in ottanta lingue e trasposte in otto film di successo planetario. Ha scritto anche i tre libri della Biblioteca di Hogwarts, per beneficenza: *Il Quidditch attraverso i secoli* e *Gli Animali Fantastici: dove trovarli* (a sostegno di Comic Relief e Lumos) e *Le Fiabe di Beda il Bardo* (a sostegno di Lumos). Insieme al drammaturgo Jack Thorne e al regista John Tiffany ha dato seguito alla storia di Harry nell'opera teatrale *Harry Potter e la Maledizione dell'Erede*, che ha debuttato a Londra nel 2016 ed è attualmente rappresentata in diversi Paesi. Nello stesso anno ha debuttato anche come sceneggiatrice del film *Animali Fantastici e dove trovarli*, primo della serie ispirata al racconto del Magizoologo Newt Scamander. Ha scritto anche un romanzo per adulti, *Il seggio vacante*, oltre a una serie di gialli sotto lo pseudonimo di Robert Galbraith, tutti adattati per la televisione. Nel 2020, J.K. Rowling ha pubblicato un nuovo libro per bambini, *L'Ickabog*, i cui proventi sono stati devoluti alle comunità colpite dalla pandemia di Covid-19. È stata insignita dell'Ordine dell'Impero Britannico (OBE) per il suo prezioso contributo alla letteratura per ragazzi, e ha ricevuto numerosi altri premi e onorificenze, tra cui la Legion d'onore francese e il Premio Hans Christian Andersen. Vive in Scozia con la sua famiglia, e la sua attività preferita è starsene da sola in una stanza a inventare storie.

CREDITI DELLE FOTO

Illustrazioni di copertina, risguardi, pagine 6, 28, 60, 76, 86-7, 94, 98-9, 102-3, 106-7, 118, 130, 150 di Tomislav Tomic © Bloomsbury Publishing Plc 2020
7 © Gary Salter
22, 43 © Victoria and Albert Museum, London
24 Foto di Ria Mishaal
30 (sinistra) Ozja / Shutterstock.com
30 (destra) Karl Allen Lugmayer / Shutterstock.com
33 Girish HC / Shutterstock.com
34 (alto, sinistra) © The Children's Museum of Indianapolis
35 (basso, destra) © The Children's Museum of Indianapolis
36 Vladimir Melnik / Shutterstock.com
37 (alto) Zhao Jiankang / Shutterstock.com
37 (basso) Jason Mintzer / Shutterstock.com
38 Andrea Izzotti / Shutterstock.com
40 (alto, sinistra) © Derbyshire County Council: Buxton Museum and Art Gallery
40 (basso, sinistra) Vladimir Wrangel / Shutterstock.com
43 (basso, destra) National Geographic Image Collection / Alamy Stock Photo
48–49 © James Ford Bell Library, University of Minnesota
52 (sinistra) A.Sych / Shutterstock.com
52 (centro) Heritage Image Partnership Ltd / Alamy Stock Photo
52 (destra) Alan King engraving / Alamy Stock Photo
53 (sinistra) AF Fotografie / Alamy Stock Photo
53 (centro) Liam White / Alamy Stock Photo
53 (destra) Avalon/Bruce Coleman Inc / Alamy Stock Photo
68 Foto di National Oceanic and Atmospheric Administration Office of Ocean Exploration and Research
69 (alto) Foto di Danny Kennedy
69 (centro destra, basso destra) Foto di Craig Smith e Diva Amon
69 (basso, sinistra) Foto di National Oceanic and Atmospheric Administration Office of Ocean Exploration and Research
70 xsense / Shutterstock.com
72 Foto di Lee Patterson
77 Octavio Campos Salles / Alamy Stock Photo
79 Reimar / Shutterstock.com
80 iStock/mantaphoto
82 (alto) Luke Suen / Shutterstock.com
82 (basso) magnusdeepbelow / Shutterstock.com
83 David Shale / National Picture Library / Alamy Stock Photo
85 Bildagentur Zoonar GmbH / Shutterstock.com
86 (alto) Kevin Schafer / The Image Bank / Getty Images
86 (basso) Erni / Shutterstock.com
95 cbimages / Alamy Stock Photo
96 Tatsiana Hendzel / Shutterstock.com
97 Design Pics Inc / Alamy Stock Photo
98 (alto) Selim Kaya Photography / Shutterstock.com
98 (basso) FLPA / Alamy Stock Photo
101 (alto) IntoTheWorld / Shutterstock.com
101 (basso) Purvash Jha / Alamy Stock Photo
103 Butterfly Hunter / Shutterstock.com
105 National Geographic Image Collection / Alamy Stock Photo
107 BIOSPHOTO / Alamy Stock Photo
112 iStock.com/dennisvdw
114 © Hannah Couzens
119 (sinistra) Josef_Svoboda / Shutterstock.com
119 (destra) Bernd Wolter / Shutterstock.com
120 TigerStock's / Shutterstock.com
126 Foto di Marcus Garrett
127 Myroslava Bozhko / Shutterstock.com
131 Craig Morrison / Shutterstock.com
133 (sinistra) 2630ben / Shutterstock.com
133 (destra) ANTHONY WALLACE / AFP / Getty Images
135 Wan Punkaunkhao / Shutterstock.com
138 © Thomas A. Jefferson/VIVA Vaquita
139 (alto, basso) Minden Pictures / Alamy Stock Photo
143 Ink Drop / Shutterstock.com
144 iStock.com/JohnnyLye
147 EarnestTse / Shutterstock.com
151 Chase Dekker / Shutterstock.com
152 Volodymyr Goinyk / Shutterstock.com
153 Onyx9 / Shutterstock.com
158 Foto di Debra Hurford Brown © J.K. Rowling 2018

GRAZIE A

Jim Kay e Olivia Lomenech Gill per aver permesso l'uso delle loro opere;
Tomislav Tomic per le nuove illustrazioni.

CONTRIBUTI DI: Paul Ashman, Stephanie Clarkson,
Bronwyn O'Reilly e Claire Sipi;

Stephanie Amster, Jessica Bellman, Helen Chapman, Jessica George,
Sarah Goodwin, Claire Henry e Gemma Sharpe di Bloomsbury;

Louis Buckley, Lorraine Cornish, Anna Darron, Lucie Goodayle,
Kate Whittington e Colin Ziegler del Natural History Museum;

Ross Fraser e Chloë Wallace di The Blair Partnership.

DESIGN: Dave Brown, Ape Inc Ltd
Stephanie Amster, Helen Chapman,
Scott Forsyth, Sarah Goodwin e Tom Hartley